トラブル回避のために知っておきたい

ハラスメント

言いかえ 事典

JN039519

監修 山藤祐子
（ハラスメント対策専門家）

協力 新村響子
（旬報法律事務所 弁護士）

朝日新聞出版

何がハラスメントになるのか？
正しく理解することからスタート

　今や「○○ハラスメント」と名づけられた新語がトレンドワードランキングにランクインするほど、ハラスメントはブームの様相を呈しています。日本でその数は50以上にものぼるとか。

　しかし、話題性ばかりが先行しているためか、ハラスメントに対する誤解が広がり、正しい知識を身につけている人は少ないように思います。

　私は年間5000人以上の方にハラスメント対策の研修をしていますが、受講者から「嫌な仕事を振られたからパワハラだ」「上司が返事をしてくれなかったからモラハラだ」といった声をよく聞きます。しかし、その多くは勝手な思い込みです。自分が嫌だと感じたら、なんでもハラスメントにしてしまう、おかしな空気ができあがっているようです。

　こうした風潮を受けて管理職の側は「髪形や服装をほめてもセクハラになる」「ミスをしかったり、厳しく指導したりするとパワハラになる」と誤って解釈し、部下となるべく関わらない、何事も見て見ぬふりをしよう、という人も見受けられます。部下を育成しない管理職は、職務を放棄したも同然です。

　さらに、このような傾向が職場に限らず、家族や友人、学校などの地域のコミュニティにも蔓延しつつあります。相手の言葉や態度にムッとしたり、思いどおりに事が運ばないと、すぐに「○○ハラだ！」と騒ぎ立て、暴言や不当な要求で相手を責める

人も目立ってきました。これらの現状を放置しておけば、やがて社会生活そのものが息苦しいものになり、まともなコミュニケーションが成り立たなくなることも危惧されます。

　そこで本書では、どういう言葉や言い方がハラスメントになるのか、人を不快にするのか、100のシチュエーションをサンプルに紹介しています。とくに、多くの人が判断に迷うグレーゾーンの言い回しも示すことで、アウトとセーフの線引きをより明確にしました。

　ここに展開した事例がひとつの指針となり、あれもこれもハラスメントにする人や、必要以上に神経質になっている人たちに、新たな視点を提案できれば幸いです。

　人間関係のボタンのかけ違いから誤解が生じ、ハラスメントへ発展することがあります。しっかりとした信頼関係があれば何の問題もないことが、今の日本ではトラブルになることが多いのです。そんな危うさを孕んだ時代に、本書がお互いに理解し合い、尊重し合える関係づくりのヒントになればと思います。

山藤祐子

CONTENTS

はじめに ……………………… 2
本書の利用法 …………… 12

SPECIAL 1

トラブルを避けるために これだけは知っておきたい

ハラスメントQ&A ………………………………… 6

Q1 そもそもハラスメントとは？
Q2 ハラスメントが起きるのは職場だけ？
Q3 どんなパターンがあるの？
Q4 どんな影響を与えるの？
Q5 どんなハラスメントと法律があるの？
Q6 どうしてハラスメントが起きるの？
Q7 よくある、ハラスメントになる言い方って？

職場 編

Chapter 1
上司から部下へ　先輩から後輩へ
しかる / 注意する ……………………… 14
CASE 1 ▶ 12

Chapter 2
上司から部下へ　先輩から後輩へ
指導・指示する / 依頼する ……………… 40
CASE 13 ▶ 24

Chapter 3
上司から部下へ　先輩から後輩へ
ほめる / 気づかう / 雑談する ………… 66
CASE 25 ▶ 40

Chapter 4
上司から部下へ　先輩から後輩へ
休暇制度 / 時短制度 / 相談を受ける …… 100
CASE 41 ▶ 53

Chapter 5
上司から部下へ　先輩から後輩へ
リモートワーク / メール / SNS ……… 128
CASE 54 ▶ 62

Chapter 6
部下から上司へ　後輩から先輩へ
逆ハラスメント …………………………… 148
CASE 63 ▶ 68

日常生活編

Chapter 1　パートナー　夫婦　親子 ……… 162
CASE 69▶83

Chapter 2　友人　接客　学校　病院 ……… 194
CASE 84▶100

SPECIAL 2

現状を知る➡対策をとる➡対処する

ハラスメントに備える実用ノウハウ

今、日本の職場で起きていること ……… 228
　他人事ではすまされない身近な問題 ……… 228
　職場で起きやすい「パワハラ」と「セクハラ」 ……… 229
　次々と生まれるハラスメント ……… 231
行為者、被害者にならないためのルール ……… 232
管理職・リーダーのための
ハラスメントが起きない職場にする 6 つのルール ……… 234
ハラスメント SOS ……… 236

SPECIAL 3

ハラスメント訴訟 判例集

FILE 1 - 7 ………… 38, 64, 98, 126, 146, 160, 192

おわりに ……………239

ハラスメントQ & A

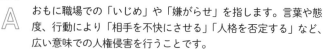

　今やすっかりおなじみの「ハラスメント」ですが、まだまだ理解不足の感が否めないのも事実。正しい知識と認識をもつことが、トラブル回避の第一歩です。

Q1 そもそもハラスメントとは？

A　おもに職場での「いじめ」や「嫌がらせ」を指します。言葉や態度、行動により「相手を不快にさせる」「人格を否定する」など、広い意味での人権侵害を行うことです。

Q2 ハラスメントが起きるのは職場だけ？

A　ハラスメントは、日常生活でも生じる可能性があります。ただし、ハラスメントとしての法的な措置がとられているのは、職場でのケースに限られます。

※職場とはオフィスだけではなく、社外で業務を行う場所、社員同士の飲み会や接待なども含まれます。

Q3 どんなパターンがあるの？

A　「個人から個人へ」のハラスメントのほか、集団で特定の人を無視するなど「集団で個人を」のケース、「部下から上司へ」「社外の人間へ」などのケースもあります。

Q4 どんな影響を与えるの？

A　ハラスメントを受けた人は精神的に傷つき、生活能力の低下、身体の不調などで休職や退職をすることも。周囲の社員も会社への不信感が募り、組織にも悪影響を及ぼします。

Q5 どんなハラスメントと法律があるの？

A　職場で起きやすいハラスメントの中から、代表的な6つを紹介します。いずれも法律が整備され、パワハラやセクハラは一般的にもよく知られています。このほかのハラスメントについては、巻末特集（P231）をご覧ください。

▶ 職場で起きやすいハラスメント （法律が整備されているもの）

パワーハラスメント （パワハラ）	優越的な関係を背景に、業務上必要かつ相当な範囲を超えた言動などで、労働者の就業環境を害すること。
セクシュアルハラスメント （セクハラ）	相手が**不快に感じる性的な言動**により、相手に不利益を与えたり、働きづらくさせたりすること。
SOGI ハラスメント （ソジハラ）	**性的指向や性自認を理由に**、差別的な言動や精神的・肉体的な嫌がらせなどをすること。
マタニティハラスメント （マタハラ）	**妊娠、出産、育児中の働く女性に対して**、そのことを理由に行われる嫌がらせ、解雇、降格、配置転換など。
パタニティハラスメント （パタハラ）	**男性が育児休業制度などを利用することに対して**行われる嫌がらせ、降格や自主退職の強要など。
ケアハラスメント （ケアハラ）	家族のために**介護休業制度などを利用すること**への中傷や嫌がらせ、妨害など。

▶ ハラスメントに適用される法律

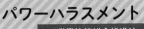

パワハラの
原因のひとつ

モラル
ハラスメント
（モラハラ）

パワーハラスメント

労働施策総合推進法
（通称：パワハラ防止法）
※ 2022 年 4 月から中小企業でも施行

SOGI
ハラスメント

セクシュアル
ハラスメント

マタニティ
ハラスメント

男女雇用機会均等法　**育児・介護休業法**

マリッジ
ハラスメント
→CASE 37 参照

パタニティ
ハラスメント

育児・介護休業法

コロナ
ハラスメント

※パワハラになる
可能性が高い。
→CASE 100 参照

ケア
ハラスメント

※モラハラとは、フランスの
精神科医マリー・フランス・
イルゴイエンヌ氏の造語
で、彼女の提唱した考えが
広まったもの。精神的な嫌
がらせやいじめ、相手の尊
厳を傷つける言動をさす。

※フランスでは法的に禁止。
日本では明確な法律はなし

パワハラには『労働施策総合推進法』、セ
クハラには『男女雇用機会均等法』、マタ
ハラやパタハラ、ケアハラには『育児・介
護休業法』がそれぞれ適用されます。ただし、
ハラスメントの内容によっては、適用される
法律が複数になるケースもあります。左の円
が複合的になっているのはそのためです。

Q6 どうしてハラスメントが起きるの？

A 職場でよく見られるハラスメントの構図は、権力をもった上司が、自分の価値観で部下を従わせようとするものです。その背景となっているおもな要因をまとめてみました。

1 ハラスメントに対する無自覚や認識不足

管理職のなかにはハラスメントに対する自覚が足りず、正しい知識を得ようとしない人がいます。また、部下側が誤解して、上司の正当な叱責も「パワハラだ」と騒ぎ立てるケースがあります。

2 勝手な解釈で自分を正当化する

ハラスメント常習者のなかには「自分は業績を上げているから何をしても許される」と、自分を正当化する確信犯もいます。

3 自分の価値観を押しつける

人それぞれ価値観や働く目的は違います。それを認識できずに「こうするべきだ」「これが当然だ」といった思い込みや偏見を、一方的に相手に押しつけることで軋轢が生じます。

▶ ハラスメントが起きる構図

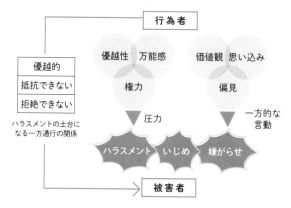

行為者のもつ優越性や権力、人や組織を動かせる万能感が、部下への圧力となるときにハラスメントが起きやすくなります。また、行為者のもつ価値観や偏見、思い込みが、一方的に被害者へ押しつけられるときにも、いじめや嫌がらせが生まれやすくなります。
なお、ここでは一例として説明していますが、ハラスメントは上司から部下だけではなく、あらゆる立場（関係）で起こります。

Q7 よくある、ハラスメントになる言い方って？

A ここでは職場や日常生活のなかで増加傾向にあるもの、時代を反映しているものなど、誰もが行為者や被害者になり得る「よくあるハラスメントな言葉」を紹介します。「傷つけるつもりはなく」「良かれと思って」発した言葉でも、相手への配慮がないとトラブルにつながると心得ましょう。

> ●●さん、
> やる気があるの？
> そんな調子じゃ
> 次はないから。

Sample 1
パワーハラスメント
鼓舞するつもりが相手を追い込むことに

NO! **ハラスメントのポイント**

上司は部下を鼓舞したのかもしれません。しかし「次はないから」という雇用を脅かすひと言は、パワハラととられても仕方がありません。熱心すぎる指導やハッパをかけることが、相手にはいじめにしか思えなかった、という事例です。→CASE 10 参照

> 髪形変えた？
> もしかして今日はデート？
> 彼氏（彼女）とうまく
> いってるんだ。

Sample 2
セクシュアルハラスメント
気づかいの行きすぎが裏目となるパターン

NO! **ハラスメントのポイント**

リップサービスで、部下の髪形や服装をほめることがあります。「髪形変えた？」で止めればいいのですが、その後にプライバシーに触れる言葉が加わると、男女問わずセクハラになることも。余計なことを言わない、この線引きが難しいのです。→CASE 29 参照

（産休の申請を受けて）
長く休むより、
やめたほうがまわりに
迷惑かけないよ。

Sample **3**
マタニティハラスメント
←

会社の都合優先で部下への配慮を欠く

NO! ハラスメントのポイント

産休の取得は『労働基準法』で認められた権利ですが、このような自主退職を促すケースが少なくありません。組織の事情や立場上とはいえ、喜びのライフイベントを控えた部下に、配慮のない言葉をかけることは罪なことです。→CASE 42 参照

（オンライン・ミーティングで）
まさかサボって
ないだろうな？
それなら給料泥棒だぞ！

Sample **4**
リモートハラスメント
←

テレワークが生んだ今どきのハラスメント

NO! ハラスメントのポイント

リモートワークの増加で、オンラインでのやりとりが多くなっています。部下の姿が見えない不安や不慣れから、上司の言い回しがきつくなる傾向もあるようです。こうした相手を侮辱するような発言は、リモートハラスメントと呼ばれています。→CASE 54 参照

（何度も修正させられて）
課長、それって
パワハラですよ！
私を脅すんですか？

Sample **5**
ハラスメント・ハラスメント
←

部下から上司へ。逆ハラスメントも増えている

NO! ハラスメントのポイント

近年は「部下から上司へ」という逆ハラスメントが増えています。そのなかでも、上司の言うことを何でも「ハラスメントだ」と過剰に反応して嫌がらせをする、ハラスメント・ハラスメント（ハラハラ）が目立っています。
→CASE 66 参照

> 彼のことは
> よく知ってるけど、
> そんなことする人じゃ
> ないよ。

Sample 6

セカンドハラスメント

ハラスメントの相談をすることで、
さらなるハラスメントが生まれる

NO! ハラスメントのポイント

ハラスメントの相談をしたことで、上の言い方のように相談相手から否定されたり、逆に「あなたが悪い」と責められたりするのがセカンドハラスメントです。相談を受けた側は慎重に解決策を探ると同時に、二次被害を防がなければなりません。→CASE 50 参照

> （パートナーから
> 「つらい」と相談受けて）
> そんなの大したことないよ。
> 悩むほどのことじゃないよ。

Sample 7

モラルハラスメント

親しい間柄ゆえのハラスメントもある

NO! ハラスメントのポイント

職場を離れた日常生活でも、ハラスメントは起きます。それが交際相手や家族などの近しい間柄となれば、遠慮のない物言いで相手を傷つけてしまうことも。相手を責めたり否定したりする前に、つらい心情を一度受け止めて、寄り添うことが大切です。→CASE 75 参照

本書の利用法

本書は職場や日常生活で起こりやすいハラスメントを、身近なテーマや、ありがちな状況別に紹介しています。日頃の言動を振り返るほか、今後の行動のガイドラインとしてご利用ください。

●本書で紹介している法律の内容は、2021年9月末日現在のものです。その後、法改正等が生じる場合もあります。あらかじめご了承ください。

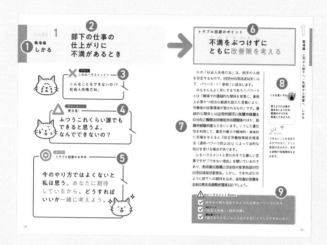

❶ テーマ

職場編（P14〜P159）と日常生活編（P162〜P227）に分けて、身近なテーマごとにケース事例を紹介しています。

❷ シチュエーション

職場や日常生活でありがちなシチュエーション、ハラスメントが起きやすい状況を例示しています。

❸ ✕ アウト

職場編ではハラスメントに該当する言葉を、日常生活編ではハラスメントや法的な罪に問われる可能性がある言い回しを示しています。このような言い方をすると一発アウト、と心得ましょう。

❹ △ グレーゾーン

相手を不快にしたり、傷つけたりする要注意な言葉や言い回しです。相手からの信頼を失う、またはトラブルに発展する可能性があります。

❺ ◎ セーフ

ハラスメントやトラブルの生じる心配が少ない言い方や、社交術やマナーとしてもお手本となり、思いやりがあり信頼される模範的な言い回しを示しています。

❻ トラブル回避のポイント

ハラスメントやトラブル防止のポイントを簡潔に紹介しています。

❼ 解説文

抵触する可能性のある法律や、具体的なノウハウを紹介しています。

❽ こんな言い方も GOOD & Point

❺と同様の「模範となる言い回し」を紹介しています。

❾ ⚠ No! ハラスメント Memo

紹介しているページの要点がひと目でわかるようにしています。

Chapter 1

職場編

上司から部下へ
先輩から後輩へ

しかる
注意する

仕事をするうえで部下や後輩がミスした際、しかったり注意したりすることは、立場が上の者として避けては通れません。ただし、感情に任せて一方的に責めるだけでは、ハラスメントととらえられることも多く、細心の注意が必要なシチュエーションです。逆に、一致協力して問題に取り組むことで、信頼関係を築くことができるチャンスともいえます。ハラスメントのリスクを回避し、相手の成長につながる言い方のポイントを見てみましょう。

部下の仕事の仕上がりに不満があるとき

× **アウト**
これはハラスメント!!

こんなこともできないの!?
社会人失格だね。

△ **グレーゾーン**
要注意!

ふつうこれくらい誰でも
できると思うよ。
なんでできないの?

◎ **セーフ**
トラブル回避のお手本

今のやり方ではよくないと
私は思う。あなたに期待
しているから、どうすれば
いいか一緒に考えよう。

トラブル回避のポイント

不満をぶつけずに ともに改善策を考える

✕の「社会人失格だね」は、相手の人格を否定するもので、パワーハラスメント（以下、パワハラ・P7 参照）に該当します。

みなさんもよく耳にするであろうパワハラとは「職場での優越的な関係を背景に、業務上必要かつ相当な範囲を超えた言動により、労働者の従業環境が害されるもの」です。優越的な関係とは上司や部下、先輩や後輩といった、職務上の地位や人間関係のほか、知識や経験の差などをいいます。こうした優位性を利用して、暴言や暴力で精神的・身体的に苦痛を与えると『改正労働施策総合推進法（通称パワハラ防止法）』によって法的な処分を受ける場合があります。

△もハラスメントと思われそうな厳しい言葉ですが「できない理由」を聞いているのであり、その後に指導、フォローをすればパワハラにはなりません。しかし、できれば◎のように部下への期待を込め、より良い方策をともに考える姿勢が望ましいでしょう。

こんな言い方も Good

> 思うように仕事が
> 進まないようだね。
> 業務のやり方を
> 見直してみようか。

Point

できないことを否定するのではなく、どこに原因があるのか、見守る姿勢が信頼関係を生みます。

⚠ No! ハラスメント Memo

- ✓ 相手の人格を否定するような言葉はパワハラになる
- ✓ NGワード
「社会人失格」「給料泥棒」
- ✓ 要注意ワード
「誰でもできる」「ふつうはできる」「どうしてできないの？」

ケアレス・ミスを
しかるとき

× アウト
これはハラスメント!!

やっぱりおまえはダメだな。
ほんと使えないよ。

△ グレーゾーン
要注意!

がっかりだな。
君にまかせた私が
間違っていたよ。

◎ セーフ
トラブル回避のお手本

●●さんらしくない
ミスだね。トラブルに
なりかねないから、
次からは気をつけて。

トラブル回避のポイント

日頃の高評価を示し
やんわりと **クギを刺す**

単純なミスは誰にでも経験があるのではないでしょうか。ただそれだけで✕のように、人格を否定する言い方をするのは酷というものです。ハラスメントととられても仕方がないでしょう。同じ状況で「次は担当からはずす」「仕事を干す」といった脅迫めいた言い方もパワハラとなります。

△のような言い方は相手を不快にさせますが、ミスにがっかりした気持ちを伝えているだけなので、その後に指導やフォローをすればパワハラにはあたりません。

この場合「あなたにはがっかりさせられるよ」といった「あなた（YOU）」を主語とする「YOUメッセージ」にすると、相手を責めるニュアンスが強くなります。その点、△は「私（I）」を主語とする「Iメッセージ」なので、相手に嫌な感じは与えるものの、精神的なプレッシャーは小さいはずです。

理想は◎のように、普段の仕事ぶりを認めたうえで、たしなめるほうがいいでしょう。

こんな言い方も

> 単純作業で退屈かもしれないけれど、業務の基本になることだから。しっかり頼むよ！

Point

新人や業務に不慣れな人には、ミスをとがめるのではなく、配慮をにじませた声かけを。

⚠ No! ハラスメント Memo

- ✔ ミスを理由に人格否定や脅迫することはパワハラ
- ✔ **NGワード**
  「使えない奴」「次ははずすから」「子ども以下」
- ✔ **要注意ワード**
  「がっかりした」「期待はずれ」

17

失敗の言い訳を
してくるとき

これはハラスメント!!

言い訳ばかりするな!
女の腐ったような奴だな。

グレーゾーン
要注意!

そんな態度は
男らしくないよ。

セーフ
トラブル回避のお手本

君の言いたいことはわかった。
でも自己主張だけでは
埒（らち）があかないよ。 次からは
どうすればいいと思う？

トラブル回避のポイント

○ ○ ○ ○ ○ ○ ○ ○

言い訳を受け止めつつ 改善策を考えさせる

　×のような言い方は、一度だけでパワハラになるものではありません。普段から同じような言動を繰り返し、相手に苦痛や不快な思いを与え続けることが条件となります。

　また、注意する際に「女の腐ったような」とか「女々しい」といった、性別を引き合いに出した侮蔑的な言い方はNGです。言葉として聞き苦しいばかりではなく、人格の否定や侮辱ととらえられる場合もあります。

　「そんな態度は男らしくない」というようなフレーズは、近年、不快感をもつ人が増えています。一般的な「男らしさ・女らしさ」に見合った行動や態度を強要したり、それに沿わないことを非難したりするニュアンスが強まる言い方になれば、俗にジェンダーハラスメント（P 231 参照）と呼ばれる行為になります。「女性なら〜であるべき」「男のくせに〜」などが典型的なNGフレーズです。

　このようなケースでは部下の言い分を受け止め、そのうえで改善策を考えさせましょう。

こんな言い方も Good!

> どうしてそうなったのかも大切だけど、同じミスをしないためにできることは何かな？

↑
Point

どうすれば同じ失敗をしないか、反省を踏まえつつ、前向きに考えさせる機会を与えるアドバイスも有効です。

⚠ No! ハラスメント Memo

- ✔ 性別を引き合いに出した侮蔑的な言葉は ×
- ✔ NGワード
　「男のくせに」「女々しい」
- ✔ 要注意ワード
　「男らしくない」「女らしくない」

名前を呼んでも
返事がないとき

✕ ◤アウト◢
これはハラスメント!!

おい！名前を呼ばれたら
返事をしろ。やっぱり
高卒はダメだな。

◤グレーゾーン◢
要注意！

名前を呼ばれても
返事をしないなんて、
礼儀知らずだよ。

◎ ◤セーフ◢
トラブル回避のお手本

呼ばれたら返事をするのが、
コミュニケーションの
基本だよ。

トラブル回避のポイント

感情的に相手を責めず 知らないことは指導する

×の事例は、呼ばれても返事をしない部下の態度に、ついカッとなって放ったひと言です。とはいえ「やっぱり高卒はダメだな」のひと言は、本人が学歴を気にしていれば侮辱にあたり、パワハラになることも。業務に関係のないプライベートな話題は、基本的に控えたほうがいいでしょう。

△の「礼儀知らず」は、きつい言い方かもしれませんが、返事のないことを注意しているのでハラスメントにはあたりません。ただし、つい感情的になって「だから昇進もできないんだよ」といった、相手を侮辱する言葉を加えてしまうとハラスメントになるので注意しましょう。

返事に限らず、部下や後輩の礼儀をわきまえない言動や、常識知らずの行いは、ただ一方的に責めるだけでは改善されません。◎のように、知らないことは一から教えるつもりで、丁寧に相手と接することがリスクの回避にもつながります。

こんな言い方も Good

> 聞こえているのかわからないから、ちゃんと返事をしてほしい。

Point

頭ごなしにしかるのではなく、困っている理由を伝えて相手の理解を得ましょう。

⚠ No! ハラスメント Memo

☑ 怒りは禁物。とくに個人的な内容の暴言は×

NGワード
☑ 「中卒はダメだな」「高卒はダメだな」

要注意ワード
☑ 「礼儀知らず」「常識知らず」

ミスをした理由を
聞くとき

✕ **アウト** これはハラスメント!!

何やってんだよ！
お前がおとしまえつけろよ！

△ **グレーゾーン**
要注意！

どうしてこうなったのか、
理由を言いなさい！

◎ **セーフ**
トラブル回避のお手本

ミスをした原因は何かな？
一緒に考えよう。

トラブル回避のポイント

「問い詰める」のではなく 「問いかけて」原因究明

　ミスをした原因を究明することは、業務改善のために必要なことです。ただし「理由を言いなさい！」といった、相手を責めたてるような言い回しは避けたほうがいいでしょう。こうした状況では、使う言葉や言い方次第で相手を追い込んでしまう場合もあります。

　語気をやわらげたり、やさしいニュアンスの言葉を選ぶなど、プレッシャーを感じさせないアプローチを心がけましょう。「問い詰める」のではなく、何があったのか相手が言いやすいように「問いかける」のがベター。

　例えば「なぜ、こんなミスをしたの？」とソフトに語りかければ、相手も冷静に、しかも真摯に向き合ってくれそうです。「なぜ？」は重圧をかける言葉と考える人もいますが、「どうして？」とシンプルに尋ねているだけなのでリスクは少ないでしょう。

　×の「おとしまえをつけろ」は脅迫の言葉です。こうしたフレーズで相手を威嚇すればパワハラにあたります。使用は控えましょう。

こんな言い方も

私の指示が中途半端だったかもしれないね。もう一度、手順を見直そうか。

Point

ミスの要因を相手だけに押しつけず、謙虚な姿勢で再度、指示をし直しても OK。

⚠ No! ハラスメント Memo

☑ 「おとしまえ」は脅迫の言葉。使用禁止

NGワード
☑ 「おとしまえをつけろ」「何やってんだボケ！」

要注意ワード
☑ 「理由を言え！」「しっかりしろよ」

トラブルの報告が遅れたとき

✕ **アウト**
これはハラスメント!!

今さら報告してどうすんだよ。
おまえが責任とれよ！

グレーゾーン
要注意！

すぐに報告すべきだよね!?
なんでしなかったの！

◎ **セーフ**
トラブル回避のお手本

Ａ社は大切な取引先なんだ。
次回からはトラブルに
なりそうな時点で
報告してくれるかな!?

トラブル回避のポイント

注意する理由を説明し
報告の重要性を知らせる

　部下の対応のまずさに、思わず感情的になることもあります。しかし、✕のような「おまえが責任をとれ」や「土下座して謝れ」といった暴言は脅しととられ、パワハラになるので注意が必要です。

　△の「すぐに報告すべきだよね!?」は厳しい叱責ですが、報告の必要性を示すもので、業務の相当性を超えたハラスメントとはいえません。しかし、その言葉の響きには相手を責め、追いつめるようなニュアンスがあります。使う際には語気を弱めるなど、相手への配慮がほしいところです。

　なお、報告が遅れた理由には「責められるのが嫌で、報告したくない」「どうせ怒られるなら、先延ばしして事後報告にしよう」といった心理が働いたかもしれません。こうした問題点を改善するためにも、◎のように注意している理由を説明したり、報告の遅れが及ぼす影響を示したりして、その重要性をしっかり認識させることが大切です。

こんな言い方も

> 今度からはすぐに
> 報告してね。そもそも
> トラブルの原因は
> どこにあるの?

Point

やってしまったことは軽くクギを刺す程度にし、この先繰り返さない布石を打つことも大切です。

⚠ No! ハラスメント Memo

- ✔ 「～すべき」は相手を責める言い回し
- NGワード
✔ 「責任をとれ」「土下座しろ」
- 要注意ワード
✔ 「～すべき」

独断で
行動しがちなとき

✕ アウト
これは*ハラスメント*!!

能力もないクセに。
勝手にやるならやめちまえ！

▲ グレーゾーン
要注意！

行き過ぎた
個人プレーは迷惑だよ。

◎ セーフ
トラブル回避のお手本

私からはちょっと
独断気味に見えるよ。
まわりにもう少し心くばり
すれば、あなたの評価が
もっと上がるのに。

トラブル回避のポイント

行動を振り返らせる 気づきのメッセージを

「やめちまえ！」はパワハラにあたる暴言であるとともに、違法な退職の強要にあたる可能性があります。管理職の絶対に言ってはいけないキーワードとして覚えておいてください。

△の「迷惑だよ」は、チームワークを乱す相手への注意として相当性のあるものです。しかし、これが「目ざわりだよ」「ムカつくんだよ」などのより強い言い回しになると、人格の否定や侮辱といったことから、ハラスメントに相当する可能性も出てきます。慎重に言葉を選びましょう。

ひとりよがりな部下を「自分勝手」「ワガママ」と批判するだけでは、問題解決にはなりません。大切なのは◎のように、相手が自分の行動を振り返るきっかけとなるような、気づきのメッセージを発信することです。

その際、まわりが見えなくなっている人には、やさしく諭すような言葉かけが効果的になるでしょう。

こんな言い方も

> 普段からいい仕事をしているのに、まわりと協調しないなんて、もったいないよ。

Point

自尊心をくすぐりながら、やんわりと忠告すれば、反発も少なくて効果的。

⚠ No! ハラスメント Memo

- ✅ 「やめちまえ！」は管理職の禁句
- ✅ **NGワード** 「やめちまえ！」
- ✅ **要注意ワード** 「個人プレーは迷惑」

何かにつけて
反発してくるとき

✕ アウト
これはハラスメント!!

頭が悪いクセに
口ごたえするな!
おまえはグズだな。

△ グレーゾーン
要注意!

その態度は
何様のつもり!?

◎ セーフ
トラブル回避のお手本

そうムキにならないで。
頭を冷やして
少し冷静になったら。

トラブル回避のポイント

感情を抑えて冷静に対処。
ひと息いれる言葉かけを

　ことあるごとに反発してくる相手には、上司といえども好意的に接するのが難しいかもしれません。

　しかし、そこで感情的になって「頭が悪いクセに」「おまえはグズだな」といった暴言を吐けば、相手の人格を否定するパワハラになってしまいます。

　たとえ部下や後輩の言動が気に障っても、感情を表に出すのではなく、冷静に対応することが目上の人間には求められます。

　△の「その態度は何様のつもり!?」もやや乱暴な言い回しですが、目下の無礼を語気強くたしなめているもので、相手の人格否定にはなりません。しかし、前後の言い方によってはパワハラになる可能性があるので注意してください。

　どのような状況であれ、まずはお互いに冷静になることが第一です。「そうムキにならないで」とひと呼吸置く言葉をかけたうえで、相手の話を聞く姿勢を見せることが最善です。

こんな言い方も

> わかった。
> どこが不満なのか、
> ゆっくりと話を聞こう。

↑
Point

まずは相手の言い分をじっくり聞き、相手も落ち着いたところで意見交換するのがベター。

 No! ハラスメント Memo

- ✔ 感情的になると暴言が出やすいので注意
- ✔ NGワード
  「頭が悪いクセに」「グズだな」
- ✔ 要注意ワード
  「何様なんだ」「わきまえろ」

明らかにおかしい考えや行動を否定するとき

✕ アウト
これはハラスメント!!

おまえは精神障害だな。
頭おかしいよ!

▲ グレーゾーン
要注意!

それは絶対におかしいよ!
そんな考えばかりしてたら
ダメだよ。

◎ セーフ
トラブル回避のお手本

……といった理由から、
それには賛成できないな。
私は……したほうが
いいと思う。

トラブル回避のポイント

相手に配慮したうえで はっきりと意思表示

「精神障害だな」は名誉棄損や侮辱罪に問われる可能性のある暴言です。たとえからかいのつもりでも、絶対に言ってはいけません。

△はおかしな考えに対して否定を表明しています。厳しい言い方をしていますが、人格の否定や侮辱をしているわけではないので、ハラスメントにはならないでしょう。

ただし、全否定でNOを突きつけるのは、賢明なやり方とはいえません。相手も感情的になり、自尊心も傷つきます。「あなたの言うこともわかるけど…」と、まずは相手の言い分を受け止め、そのうえで異をとなえるようにすればトラブルも少ないはずです。

その点、◎のように否定の理由を明示してから、自分の意見を発表する伝え方なら理想的ではないでしょうか。いずれにしても、相手にとってネガティブな話題になりそうなときは、人前で公然とではなく、1対1で話をするほうがいいでしょう。こうした細やかな配慮もリスクの回避につながります。

こんな言い方も Good

> 見解の分かれるところ
> だけど……。
> 例えばこんなことも
> 考えられない?
> …（説明）

Point

選択肢を提案することで、やんわりと否定すれば角が立ちません。

⚠ No! ハラスメント Memo

✓ 「精神障害」は一発レッドカード。使用厳禁

✓ NGワード
「精神障害」「頭がおかしい」

✓ 要注意ワード
「絶対におかしい」

実録！リアル CASE1 ➡ p.38

部下のやる気がない ように見えるとき

✕ **アウト**
これはハラスメント!!

●●さん、やる気があるの?
そんな調子じゃ次はないから。

▲ **グレーゾーン**
要注意!

**覇気がないなぁ。
もっと気合いを入れて!**

◎ **セーフ**
トラブル回避のお手本

**仕事に集中できてないよう
だけど……。**
何か打ち込めないワケでも
あるの?

トラブル回避のポイント

脅しや鼓舞するよりも
寄り添うような言葉かけを

部下にやる気がないように見えるのは、あくまでも上司の主観です。仕事への意気込みが失せていると決めつけ「次はないよ」といった、雇用を脅かすような言葉をかけることは不適切であり、パワハラにあたります。

まずは冷静に相手の様子をうかがい、そのうえで問題や悩みを抱えているようなら「何か打ち込めないワケがあるの？」と、寄り添うようにケアしましょう。気にかけてくれる上司の言葉を意気に感じれば、気持ちも前向きになるでしょう。

△の「覇気がない」「気合いを入れて」などの言葉は、相手を鼓舞する意味で使う人もいます。しかし、言われた側は「何をしているんだ」とお尻を叩かれたように感じるものです。その影響で相手が萎縮し、仕事へのモチベーションが下がれば、ハッパをかけたことがマイナスに作用してしまいます。ハラスメントにはなりませんが、使うタイミングや相手を選ぶフレーズといえるでしょう。

こんな言い方も Good

> 何か心配ごとでもあるの？私でよかったら、いつでも聞くよ。

Point

相手のプライバシーには踏み込まず、親身になってケアすることが大切です。

⚠ **No! ハラスメント Memo**

✅ 雇用を脅かすような言葉はハラスメント

✅ **NGワード**
「次はないよ」「やめさせるぞ！」

✅ **要注意ワード**
「覇気がないな」「まじめにやってるの!?」

実録！リアル CASE2 → p.38

部下が仕事を残して
定時であがろうと
するとき

✕
これは ハラスメント!!

終わるまで帰るな!
残業は付けずにやれよ。

▲ グレーゾーン
要注意!

**先輩たちが
残っているのに帰るの?**

◎ セーフ
トラブル回避のお手本

お疲れさま。
明日に積み残して大丈夫?

トラブル回避のポイント

さりげない確認の言葉で
コミュニケーション

　私が新入社員の頃「上司や先輩がいる間は退社しない」、そんな暗黙のルールがありました。今もそうした風潮は残っているのでしょうか。まさに△の「先輩たちが残っているのに帰るの？」は、目上への忖度を強要するようなフレーズです。

　ただちにハラスメントにはあたりませんが、相手を萎縮させ、プレッシャーを与えることは間違いありません。トラブル回避のためには、使わないほうがいいでしょう。

　仕事をやり残して帰るのは、何か事情があるのかもしれません。どういう理由で帰ろうとしているのかわからないときには、◎のように、ねぎらいの言葉の後、さりげなく念押しするのがスマート。新入社員などは、仕事が残っているという認識に欠けている場合もあるからです。

　✕のサービス残業の強要は、『労働基準法』で違法とされ、パワハラにも該当します。理不尽な命令は慎しみましょう。

こんな言い方も Good!

> 進捗状況はどう？
> 手こずっているところがあれば教えて。

Point

仕事の積み残しに不安を感じるときは、さりげなく進捗状況を確認し、最後に部下への配慮も示しましょう。

⚠ No! ハラスメント Memo

- ✔ サービス残業の強要は『労働基準法』違反
- ✔ NGワード
　「残業は付けずにやれよ」
- ✔ 要注意ワード
　「先輩より先に帰るの？」「もう帰るの？いい度胸してるな」

何度も同じことを聞いてくるとき

✕ アウト
これは ハラスメント !!

頭悪いなぁ！
何回同じこと聞くの。

▲ グレーゾーン
要注意！

また聞くの!?
あなたに教えてばかりで
疲れちゃう。

◎ セーフ
トラブル回避のお手本

どこがわからない？
説明するよ。

トラブル回避のポイント

○ ○ ○ ○ ○ ○ ○ ○

何度も聞いてくるのは
理解を深めるためと解釈

×の「頭悪いなぁ！」は、<u>相手の人格を否定する言葉でパワハラに相当します。</u>

△の「教えてばかりで疲れちゃう」も嫌な言い方ですが、これだけでハラスメントにはならないでしょう。ただし、相手はかなり不快に感じるはずなので、良好なコミュニケーションをとるためには控えたほうがいいフレーズです。

このほか「あなたは耳が遠いの!?」といった、<u>相手の理解力の低さを揶揄するような言い方にも要注意</u>。言われた側はバカにされたと感じ、信頼関係にも悪い影響を与えます。

同じことを何度も聞き返すのは、<u>こちらの教え方が悪かった</u>ということも考えられます。一方的に相手ばかりを責めず、◎のように、何がわからないのかを具体的に聞き、丁寧に説明することが大切です。

中途半端な理解で仕事を進め、後々トラブルを抱えるより、<u>愚直に理解を深めようとする姿勢を評価すべき</u>ではないでしょうか。

こんな言い方も Good!

> メモのとり方、
> どんな風にしている？

↑
Point

若い世代はスマートフォンで写真を撮ることをメモ代わりにする傾向が。そこで「メモをとりなさい」ではなく、メモのとり方から教えてあげる必要があります。

⚠ No! ハラスメント Memo

☑ わかるまで何度でも丁寧に説明する

☑ **NGワード**
「頭悪いなぁ」

☑ **要注意ワード**
「時間のムダ」「耳が遠いの!?」

ハラスメント訴訟の判例集　FILE 1

リアル CASE 1　事件名　職員に対する理事の暴言が パワハラと認定された事件

内容

特別養護老人ホームの理事たちが、複数の職員に対してパワハラを繰り返した事件。売上金を横領したと決めつけ「泥棒さん」と発言したり、上司からのパワハラを告げた職員に「(おまえのほうが)著しい障害がある」と取り合わないなど、理不尽で横暴な行為をしていた。

判決

加害者の理事ふたりに、それぞれ慰謝料40万円の支払いを命じた。 ホームを経営する協会に慰謝料50万円の支払いを命じた。

ハラスメント対策専門家 's eye

模範を示すべき組織の上層部がハラスメント常習者であれば、職場環境も劣悪になり、職員の士気も下がります。CASE9の×にある「おまえは精神障害だな」と似たような暴言をしていることもわかります。

パワハラ

リアル CASE 2　事件名　管理職としての配慮に欠ける言動が 違法とされた事案

内容

生命保険会社に勤務していた男性が、責任のない保険契約トラブルで上司からパワハラを受け、うつ病になって退職することに。ほかの社員の前で、男性にとって不名誉な事柄について問いただされたほか、「マネージャーをいつ降りてもらっても構わない」と叱責された。

判決

元上司の対応の一部に不法行為があったと認定、会社と元上司ふたりに慰謝料330万円の支払いを命じた。

ハラスメント対策専門家 's eye

この事案では上司としての配慮に欠ける点、男性がマネージメントするグループを承諾なく分離した点が違法と評価されています。また、CASE10の×と同じような、上記の侮辱的な叱責も違法とされています。

職場編

上司から部下へ
先輩から後輩へ

Chapter 2

指導・指示する
依頼する

　部下や後輩への指導、指示は「わかりやすく、丁寧に」行いたいものです。ところが十分な説明がない場合や、高圧的な言い回しをすることで、そこにハラスメントが生じやすくなります。つねに相手の視点に立ち、立場を超えた信頼関係の構築に努めましょう。また、仕事や用事を依頼するときは、性別によって役割を決めつけないこと。本章では、無意識の偏見や思い込みが、セクハラを引き起こす事例を紹介しています。普段の行動に照らし合わせてみてください。

職場編
**指導・
指示する**

初めてする仕事の
指導をするとき

✕ **アウト**
これはハラスメント!!

（何も教えないで）
こんなこともできないの!?

△ **グレーゾーン**
要注意!

**忙しくて教える暇は
ないから、見て覚えて。**

◎ **セーフ**
トラブル回避のお手本

最初は見ていればいい**から、
やりながら**
だんだん覚えてね。

トラブル回避のポイント

「言わなくてもわかる」は幻想
具体的な指導とケアが大切

部下や後輩に初めての仕事を教えるときは、いつにも増して細やかな指示やケアが必要になります。それを怠り、何も教えないで「こんなこともできないの!?」となじったり、とがめたりすることは、業務上の必要性や相当性に欠ける行為でパワハラに相当します。このような相手が明らかにできないことを強要するのは「過大な要求」とみなされ『改正労働施策総合推進法（通称パワハラ防止法)』にも類型として挙げられています。

△も指導側として無責任な言い方ですが、自分が手本を示すことを言っているので、指導を放棄しているわけではありません。こうした上司は、ひと昔前ならよく見られたタイプです。しかし、現代では「見て覚えろ」「言わなくてもわかる」はナンセンスです。

◎のように最初は手順を見せ、相手にやらせてみながら、具体的に指導、指示をしなければ、部下は「何も教えてくれない」と勘違いしてしまいます。

こんな言い方も

> まずはここから始めよう。ここはこうして、ここにはとくに注意してね。

Point

仕事に不慣れな新人などには、やりやすい作業から始めてもらい、その手順や注意点を細かく教えましょう。

⚠️ No! ハラスメント Memo

- ✅ 指導せずに、できないことをとがめるのはパワハラ
- ✅ NGワード
「（教えずに）これくらいできないの!?」
- ✅ 要注意ワード
「教える暇はない」「見て覚えて」

実録！リアル CASE3 → p.64

説明したことを
相手が理解したか
確認するとき

❌ アウト
これはハラスメント!!

おまえの頭じゃ
理解できないだろうな。

△ グレーゾーン
要注意!

あなたにわかるかな?

◎ セーフ
トラブル回避のお手本

質問はない?
念のため、
ここまでの説明を
復唱してくれる?

トラブル回避のポイント

上から目線を感じさせる懐疑的な言い方に注意！

部下や後輩に指導をしたとき、こちらの言ったことが正しく理解できているか、確認しながら仕事を進めるのが正しい手順です。

その際に注意したいのが、相手の理解力を疑っているようなフレーズです。例えば△の「あなたにわかるかな？」や「君に理解できるかな？」といった言い方には、相手を低く見ているような、上から目線の傲慢さが見え隠れします。ハラスメントになるかは状況によりますが、少なくとも言われた側はバカにされたようで不快に感じるはず。これでは良好なコミュニケーションはとれません。

そもそも、わかるように説明するのが上司の役目。◎のように「質問はない？」など、同じ目線に立ってケアしつつ、理解を深めてもらうようにしたいものです。復唱確認は、とくに若手や新人に効果的です。

×は暴言などで相手を傷つけ、精神的に追い詰める、パワハラの「精神的な攻撃」として類型されるものです。

こんな言い方も

> わかる？
> これからどうやって
> 進めていく？

Point

シンプルな言葉であたたかく問いかけを。経験者なら、この後にどうするのかを問うと、より理解度が高まります。

⚠️ No! ハラスメント Memo

- ✅ 否定や懐疑ではなく、同じ目線からシンプルに問いかける
- ✅ **NGワード**
  「おまえの頭では理解できないだろう」
- ✅ **要注意ワード**
  「わかるかな？」「理解できるかな？」

お酒の飲めない部下を 飲み会に誘うとき

✕ アウト
これは*ハラスメント!!*

たまには一杯付き合えよ。
これも仕事のうちだよ。

▲ グレーゾーン
要注意!

先輩からの酒の誘いは 断らないものだよ。

◎ セーフ
トラブル回避のお手本

和食のおいしい店があるんだ。
お酒は無理しなくていいから、
よければ**付き合って
くれない?**

トラブル回避のポイント

社内の飲み会は業務外。
飲酒を強要しない

　✕の「これも仕事もうちだよ」は、業務の範囲を超えた指示、命令にあたり、パワハラに相当します。パワハラの中でもお酒が絡む事例は、俗に**アルコールハラスメント**などと呼ばれ、マスコミでも取り上げられています。

　同じように「おれの（酒の）誘いを断ったら、どうなるかわかってるな」などの脅迫めいた言い方や、部下への気づかいに欠ける「酒くらい飲めなくてどうする」といった言葉もアルコールハラスメントになります。

　△の表現だけではハラスメントにはなりませんが「先輩（上司）だから〜」という考え方はかつてのもの。今や下の立場の人間へ配慮する姿勢が問われます。とくに飲酒の場合は、急性アルコール中毒の心配もあるので、下戸の人への無理強いはやめましょう。

　お酒が飲めない人を食事に誘うときは、◎のように最初からお酒をすすめないことを伝えるのがベター。これなら相手も心やすく応じてくれそうです。

こんな言い方も Good

> こちらに気をつかわず、好きな料理を頼んでいいよ。
> ソフトドリンクもオーダーして!

Point

下戸の部下に配慮するなら、お酒は強要せずに、料理やソフトドリンクを楽しんでもらうのが◎。

⚠ No! ハラスメント Memo

- ✔ 飲めない部下に酒を強要するのはアルコールハラスメント
- ✔ **NGワード**
「これも仕事のうち」「おれの酒が飲めないのか」
- ✔ **要注意ワード**
「先輩の酒の誘いは断わらないもの」

接待にふさわしい服装を
女性の部下に聞かれたとき

✕ アウト
これは ハラスメント !!

接待のときは、女性は
スカートをはくものだよ。
そんなの常識だろ。

△ グレーゾーン
要注意!

君の自由だけど、
女性らしさを
忘れないでね。

◎ セーフ
トラブル回避のお手本

TPO をわきまえた
失礼のない、
清潔感のある服装がいいね。

トラブル回避のポイント

仕事の場にふさわしい 身だしなみをすすめる

　×の「女性はスカートをはくもの」という表現は、かつての男性社会にあった固定観念といえます。一発でパワハラというわけではありませんが、このような発言を繰り返していれば問題行為になるでしょう。

　今ではパワハラやセクシュアルハラスメント（以下、セクハラ・P7 参照）に対する意識が高まっているので、こうした事例はすぐに社内の相談窓口などへ通報される可能性があります。上司としてはつねに自分の言動が偏っていないか、振り返ることが必要です。

　△は言葉として問題はありません。ただし、「女性らしさ」という言葉がジェンダーを感じさせるので、現代の職場では使わないほうがいいでしょう。

　理想としては◎のように、性別を意識するものではなく、誰からも好印象を得られる身だしなみを助言するほうがいいでしょう。接待の場はあくまでも業務の一環。職場にふさわしい服装が求められます。

こんな言い方も

接待も仕事のうちだから、それにふさわしい服装でね。（女性の）●●さんにも聞いてみなさい。

Point

同性の先輩からの助言も聞くように指示すれば、男性の考えに傾く心配がありません。

⚠ No! ハラスメント Memo

✅ 「女性は〜するもの」という固定観念を捨てる

NGワード
✅ 「女性はスカートをはくもの」

要注意ワード
✅ 「スカートのほうが喜ばれる」

取引先の接待でお酌をするとき

これは**ハラスメント!!**

●●社長のご機嫌をとるのは
女性の役目だよ。
隣に行ってお注ぎして。

△ **グレーゾーン**
要注意!

**●●さん、
社長へお注ぎして。**

◎ **セーフ**
トラブル回避のお手本

（管理職自ら）
社長、
私から注がせてください。

トラブル回避のポイント

女性や若い人の前に
管理職がすすんで供応する

×のようにスタッフをホステス代わりにして接待先の機嫌をとることは、業務上の必要性も相当性もないためパワハラとなります。

さらに、女性スタッフを接待先の社長の隣に行かせる指示は、意に反する性的な言動ともいえるので、セクハラといわれても仕方がないでしょう。

セクハラとは「相手が不快に感じる性的な言動により、相手に不利益を与えたり、働きづらくさせたりすること」です。セクハラは『男女雇用機会均等法』によって企業に防止措置をとることが義務づけられています。

△の「社長へお注ぎして」だけでは性的な言動とはいえないので、セクハラにはなりません。しかし、お酒は女性が注いだほうが男性は喜ぶ、といった男性社会特有の古い考え方は改めましょう。

そもそも接待とは、接待する側が一体となってもてなすもの。◎のように管理職が率先して見本を見せるべきです。

こんな言い方も

社長、先日ご提案したプランを立案した当社の●●です。どうか以後、お見知りおきください（その後、紹介した●●にお酒を促す）。

Point

（男女問わず）部下の紹介を兼ねて、挨拶代わりにお酒をさせればスマート。

⚠️ **No! ハラスメント Memo**

✔ 接待でお酌をするのは女性の役割ではない

✔ NGワード
「（お酌は）女性の役目」「（社長の）隣に行って」

✔ 要注意ワード
「社長へお注ぎして」

朝礼でノルマを指示するとき

 アウト
これはハラスメント!!

ノルマを達成できなかったら、
どうなるかわかってるな!?

 グレーゾーン
要注意!

営業は数字が
すべてだよ!いいな!

セーフ
トラブル回避のお手本

今週の目標は▲▲です。
みなさん、ワンチームに
なってやり遂げましょう!

トラブル回避のポイント

目標を共有する呼びかけで
統率とやる気を高める

×の「どうなるかわかってるな」は、業務上の必要性や相当性を欠く言葉で、相手を脅迫したり、威嚇したりするもの。これだけでパワハラにあたります。

また「死ぬ気でやれ」「目標到達まで帰ってくるな」など、ノルマ達成のために部下を鼓舞する過激な言い方もNGです。かつてのようにハッパをかけ、お尻を叩いて士気を高める時代ではありません。

今は◎のように、目標をみんなで共有して統率をとり、そのうえでモチベーションを高めるのが理想的ではないでしょうか。

△の「数字がすべて」は、人間より数字を優先している、ととられかねません。さらに「手段を選ばず、数字さえあげればいい」といった解釈もできそうです。この言葉だけでハラスメントにはなりませんが、どちらにせよ要注意のフレーズといえます。こうした極端な言い方は、昭和の時代ならまだしも、現代にはそぐわない表現です。

こんな言い方も Good!

みなさん、
お疲れ様です。
おかげさまで業績も
順調です。月末に
向けて、あとひと押し
お願いします！

↑
Point

最初にねぎらいの言葉をかけてからゲキを飛ばせば、やらされ感が少なく、モチベーションも上がります。

⚠ No! ハラスメント Memo

✓ 脅迫や威嚇では、やる気は起きない

✓ NGワード
「どうなるかわかってるな」「死ぬ気でやれ」

✓ 要注意ワード
「数字がすべて」

休日に行く
ゴルフの送迎役を
決めるとき

アウト
✕ これは ハラスメント‼

ゴルフの送迎は新人の役目！
そんなの当たり前だよ。

グレーゾーン
▲ 要注意！

業務外で悪いけど、
日曜日のゴルフはうちまで
迎えに来てくれない？

セーフ
◎ トラブル回避のお手本

今度のゴルフは
僕が車を出そうか？それとも
●●さんが出してくれる？

トラブル回避のポイント
立場や年齢を超えた
フランクな関係を築く

　休日にゴルフの送迎を強要するのは、業務の範囲を超えた指示、命令として、パワハラにあたります。たとえそれが長年にわたる社内の慣習であっても、そこに業務への必要性、相当性がなければやめるべきでしょう。△の言い方はソフトな印象を受けますが、立場が下の人には断りにくく命令に感じます。このような私的な指示を何度も繰り返しているとパワハラになりかねません。相手にプレッシャーやストレスを与えるので要注意です。

　また、上司の中には「部下とはすっかり打ち解け合った関係」と錯覚し、△のような言葉をかける人もいます。ところが、部下の多くは仕方なく上司に付き合っている、ということが多いのも事実。上司が思うほど親しみを感じていない部下にとっては、迷惑な命令になることもあります。

　上司と部下の距離感は難しいものですが、◎のように立場の上下を意識させない、フランクな付き合いができれば理想的です。

こんな言い方も

> 日曜日のゴルフは
> 行けそう？
> 無理しなくていいよ。
> 今回はそれぞれ
> マイカーで行こうよ。

Point

ゴルフでの付き合いも強要はせず、相手の意思に任せるのがベター。部下や後輩に配慮するなら、お互いの車で現地集合が合理的です。

⚠ No! ハラスメント Memo

- ✅ 業務の範囲を超えた指示や命令はパワハラ
- ✅ NGワード
「そんなの当たり前」「新人の役目」
- ✅ 要注意ワード
「迎えに来てくれるかな？」

ちょっとした仕事を
部下に頼むとき

✕ アウト
これは ハラスメント‼

俺のクリーニング
とってきて！

△ グレーゾーン
要注意！

**誰でもできる
仕事だから。**

◎ セーフ
トラブル回避のお手本

単純作業だけど、
大事な仕事だから頼むよ。

トラブル回避のポイント

信頼や期待を示す言葉でやる気や責任感を引き出す

　勤務時間内に私的な用事を部下に命じることは、業務上の相当性や必要性がないため、パワハラにあたります。×のクリーニングの引き取りや、個人的な振込を頼むなどは、実際にあった事例です。

　△の言い方は、相手に過度な重圧をかけないように、という気づかいもあるでしょう。しかし、人によっては「自分は無能と思われている」と感じ、モチベーションが下がることもあります。ハラスメントにはあたりませんが、誤解を与えないように注意しましょう。

　もしこれが「君にはこの程度の単純作業がお似合いだよ」という、差別や侮辱が露骨な言動になれば、能力や経験からかけ離れた、程度の低い仕事を命じる「過小な要求」というパワハラの行為になります。

　たとえ誰にでもできそうな仕事であっても、「大事な仕事だから」「覚えておくと役立つから」といったひと言を添えることで、相手のやる気や責任感を触発したいものです。

こんな言い方も

●●さんだから
頼むんだけど、
これをお願いできる？

Point

相手の能力を認めて頼んでいることを示せば、仕事に取り組む姿勢が違ってきます。

> No! ハラスメント Memo
>
> ☑ 業務時間に、個人的な用事を部下に命じるのはパワハラ
>
> NGワード
> ☑ 「クリーニング取ってきて」「（私的な）振込してきて」
>
> 要注意ワード
> ☑ 「誰でもできる」「難しくないから」

休日に急ぎの仕事を頼むとき

✕ アウト
これはハラスメント!!

（休日にいきなり連絡し、
相手の都合も聞かずに）
●●●をやっといて！

△ グレーゾーン
要注意!

今、暇だよね？
これできる？

◎ セーフ
トラブル回避のお手本

休みに申し訳ない。
もし時間があれば●●を
手伝ってくれないかな。
**先方から急に
連絡が入って……。**

トラブル回避のポイント

相手の私生活や都合に配慮してお願いする

　基本的に休日は業務の時間外です。そこへ一方的に「仕事をやって」と命じ、それがサービス残業のケースになった場合には、違法行為になる可能性があります。

　ただし、その分の手当てが出て、業務上の必要性、合理性があれば違法行為とはなりません。しかし、そのような場合でも、せめて「今、仕事できる？」と、相手の私生活や都合に配慮するべきでしょう。

　△の「暇だよね？」は、ハラスメントではありませんが、相手に「自分は軽く見られている」と感じさせる言葉といえるでしょう。人によっては「上から目線」「こちらを暇と決めつけ、バカにしている」と思わせるニュアンスもあります。トラブルを回避するには、使わないほうが無難です。

　このようなケースでは、◎のように休日の急な連絡を詫び、事情を説明しつつ、依頼事項を具体的に述べて協力をあおぎましょう。

こんな言い方も

休日に急ですまないけど、●●●を14時までにお願いできるかな？

Point

依頼内容や期限を具体的に示し、相手の事情が許すかを尋ねる。一方的な命令や、ぞんざいな言い方は厳禁。

 No! ハラスメント Memo

- ✔ 休日の急な連絡は控える
- ✔ NGワード「（休日にいきなり）この仕事頼む！」
- ✔ 要注意ワード「暇だよね？」

CASE 22

職場編
依頼する

重い荷物を運んでもらうとき

✕ アウト
これは**ハラスメント!!**

男性のほうが女性よりも
力があるんだから、
荷物は男性社員が運んでね。

△ グレーゾーン
要注意!

いつもパワー満点の
●●君、荷物を
運んでくれない?

◎ セーフ
トラブル回避のお手本

持てる人は**一緒に**
運んでもらえますか?

トラブル回避のポイント

性別ではなく能力で仕事を振り分ける

×のような「男性（女性）だから～」と性別で仕事を振り分けることは、性別による差別とされ『男女雇用機会均等法』の差別的取り扱いに該当する可能性があります。

こうした「男らしい・女らしい」行動や態度を強要したり、それにそぐわないことを非難したりすることを一般的にジェンダーハラスメント（CASE 3 参照）と呼びます。

△のように、ある個人に対する決めつけから指示を出すのは、ハラスメントとはいえませんが、特定の人にばかり負担がかかり気の毒です。「荷物運びといえば力もちの●●君」とならないよう、公平性にも配慮しましょう。

◎の「持てる人は一緒に運んでもらえますか？」には、重い荷物を運ぶからといって、性別による差別や区別はありません。

このように男性、女性に関係なく、その人のもつ能力で仕事を振り分けたいもの。「できる人ができることをやる」のが、理想的な仕事の姿ではないでしょうか。

こんな言い方も Good!

> みんなでやれば早いから、手のあいている人は運ぶのを手伝ってください。

Point

協力をあおぐひと言を添えて、男女の区別なく声かけし、手伝える状況の人に助けてもらうようにしましょう。

⚠️ No! ハラスメント Memo

☑ 性別で仕事を振り分けるのはセクハラ

NGワード
☑ 「男性は女性より力がある」「荷物は男性が運んで」

要注意ワード
☑ 「パワー満点の●●君が運んで」

仕事に区切りがついて ひと息いれたいとき

× アウト
これはハラスメント!!
さあ休憩しよう。お茶いれは
女性の方が上手だから、
●●さんお茶いれて!

▲ グレーゾーン
要注意!

●●さんのいれる
お茶はおいしいから、
今日もお願い!

◎ セーフ
トラブル回避のお手本

人気のお菓子を買ってきたよ!
みんな、ひと息いれよう。
お茶はセルフでね。

トラブル回避のポイント

性別で役割を決めつけない お茶は好きなときにセルフで

現在では食器を使い回すことに衛生上の問題もあり、休憩時間にお茶をいれる習慣は少なくなっているようです。

そもそも✕のような「お茶は女性がいれるもの」という決めつけは、今や通用しません。性別で役割を振り分けることは『男女雇用機会均等法』が禁ずる、性別を理由とする差別的取り扱いになります（CASE 22 も参照）。例えば、同じ契約で雇う女性にはお茶いれをさせ、男性にはやらせないとなれば違法となるわけです。

ただし、お茶をいれることが業務のひとつになっているような職種や部署によっては、当初からそれが説明されているならば問題はありません。

△は性別による役割を決めつけてはいないので、ハラスメントとはいえません。しかし、いつも当たり前のように言われると、相手は不快な思いをするので要注意です。

理想は各自が好きなタイミングでお茶を楽しめばいいのではないでしょうか。

こんな言い方も Good

（上司が自分で
お茶をいれ）
お茶をいれたよ。
みんな休憩しよう。

↑
Point

タイミングが合えば、目上がお茶を振る舞うのもいいでしょう。これだけで和やかなムードになります。

⚠ No! ハラスメント Memo

☑ 「お茶は女性がいれる」は、誤った固定観念

☑ NGワード
「お茶いれは女性のほうが上手」

☑ 要注意ワード
「（当たり前のように）お茶いれて」

丁寧な働きぶりの
スタッフに
仕事をお願いするとき

✕ アウト
これはハラスメント!!

細かい作業は女性に向いている
から、●●さん、これお願いね。

△ グレーゾーン
要注意!

とても細かい仕事だから、
神経質な●●さんが
やってくれない!?

◎ セーフ
トラブル回避のお手本

この仕事は、
いつも丁寧な仕事をしてくれる
●●さんにお願いしたいな。

トラブル回避のポイント

性別による振り分けは×
能力を認めて任せる

×の「〜は女性に向いているから」は、CASE 22、23で紹介したように「性別による社会的な役割の決めつけ」となり、セクハラに相当します。女性だから細かい作業が得意、というのは勝手な解釈、偏った固定観念に過ぎません。

△は相手の能力に適した仕事を振り分けているので、ハラスメントとはいえないでしょう。しかし「神経質」や「細かい性格」という言葉は、相手を間違いなく不快にさせるはずです。同じ意味合いを伝えるにも「神経の行き届いた仕事をする●●さん」や「きめ細かな仕事をしてくれる●●さん」「几帳面な性格の●●さん」など、相手に配慮した、イメージや響きの良いフレーズを選んで使いたいものです。

◎のように日頃の仕事ぶりをほめ、あえて仕事をお願いしたいことを伝えられれば理想的。相手は「自分を認めてくれている」と意気に感じ、モチベーションも上がるはずです。

こんな言い方も Good

緻密さが要求される仕事だから、丹念に仕事をする●●さんにお願いしたんだ。

↑
Point

「丁寧」と同様のニュアンスをもつ「丹念」という言葉で自尊心をくすぐり、わざわざ声をかけたことを強調する。

⚠️ No! ハラスメント Memo

✓ 「細かい仕事は女性向き」といった決めつけはセクハラ

✓ NGワード
「女性に向いている」

✓ 要注意ワード
「神経質な●●さん」「あなたは細かいから〜」

ハラスメント訴訟の判例集　FILE 2

リアル CASE 3　事件名
上司からのパワハラで精神障害を発症し、労災と認められた事件

内容

運送会社の出張所で、ほぼ毎日のように上司からのいじめ、嫌がらせと思える言動を受けた男性が、それが原因で精神障害を発病したとして労災を申請。しかし労災と認められなかったため、不支給処分の取り消しを求めて訴訟を起こした。

上司として業務上の指導をほとんどせずに「こんなこともできないのか」「やる気がないなら帰れ」などと怒鳴ったり、安全靴で痛がるほど蹴ったりなど、ほぼ毎日のようにいじめ、嫌がらせが繰り返された。

判決

ひどい言動がほぼ毎日行われていたことから、業務指導の範囲を逸脱し、執拗に行われたものであると認められ「（ひどい）嫌がらせ、いじめ、又は暴行を受けた」に該当する。また、

- 男性は入社1年目
- 上司との年齢差が20歳
- 出張所の人員がふたりだけ
- 男性に比べて上司の体格が大きかった

これらの点から、男性が受けた上司からの心理的負荷は、精神障害を発病させるおそれがある程度に「強度」であったとして、労災と認める。

ハラスメント対策専門家's eye

上記のほかにも、夜中に職場へ呼び出したり、業務用の携帯電話を取り上げたり、いじめと思える行為が常態化していたようです。個々の行いは「上司とのトラブルがあった」という評価ですが、それが度重なり常習化するとパワハラに該当します。CASE13 の×と同じように、何も教えていない部下に「こんなこともできないのか」と怒鳴っていた事実もそのひとつです。

Chapter 3

職場編

上司から部下へ
先輩から後輩へ

ほめる
気づかう
雑談する

　部下をほめることは、仕事へのモチベーションを高めるだけではなく、お互いの信頼感を育む機会にもなります。こうしたコミュニケーションの積み重ねが、ハラスメントを生まない土壌をつくるのです。目下への気づかいで多いのが、良かれと思ってしたことが誤解を生むケース。手順を踏み、言葉を選んで真意を伝え、トラブルを回避したいものです。雑談では容姿や結婚など、プライベートな内容がハラスメントにつながることも。私的な話題はアンタッチャブルが無難です。

ミスが減って
業務効率が上がった
ことをほめるとき

❌ **アウト**
これは ハラスメント‼

少しくらいできたから、
いい気になるなよ。
このボケ！

△ **グレーゾーン**
要注意！

これでやっと
同期の連中に
追いついたね。

◎ **セーフ**
トラブル回避のお手本

ミスが少なくなったね、
その調子でいこう！

トラブル回避のポイント

○ ○ ○ ○ ○
ほめるべきところは
しっかりほめて認める

仕事に慣れて練度が上がるにつれ、ミスが少なくなったり、作業の効率が良くなったりします。このような部下のスキルアップや成長は、◎のようにしっかりほめることが大切です。

ほめられることで相手は「自分を見てくれている」「認めてもらえた」と実感し、モチベーションが高まると同時に、上司への信頼も厚くなります。

✕のようなダメ出しばかりでは、ふくらみかけたやる気もしぼんでしまいます。「部下はほめて育てる」という言葉のように、ほめるべきことはほめ、それに見合った正当な評価を与えることが、できる部下を育てるマネージメント術といえそうです。

△は激励を含めて、ほめたつもりかもしれませんが、言われた本人は「自分は同期の中で劣っている」と感じます。ハラスメントとはいえませんが、良好な関係を保つには、もう少し配慮がほしいところです。

こんな言い方も Good!

> もうすっかり
> 任せられるね。
> 頼もしいよ。

Point

新人や仕事を覚えたての人には、こちらからの信頼を伝えることで、不安を自信に変えることができます。

⚠️ No! ハラスメント Memo

☑️ ダメ出しばかりは✕。部下はほめて育てる

☑️ **NGワード**
「いい気になるなよ」「ボケ！」

☑️ **要注意ワード**
「同期の連中に追いついた」「まだまだだぞ」

CASE 26

頑張っている 若手をほめるとき

アウト これはハラスメント!!

若いのに業績が優秀らしいね。
学歴がないのに大したもんだ。

グレーゾーン 要注意!

若いくせに やるじゃない。

セーフ トラブル回避のお手本

しっかりしていて、 頼りになるね。

トラブル回避のポイント

年齢や世代でくくった決めつけをしない

　私たちはつい、年齢や世代でひとくくりにして、相手の行動や考え方、能力などを決めつけてしまうことがあります。

　△は一見ほめ言葉ですが「若いくせに…」というフレーズには「若者には期待していなかったけど…」「若くて経験もスキルもないのに…」といった偏見が感じられます。「若いわりには」も同じニュアンスです。

　この言い回しだけを取り上げてハラスメントとはいえませんが、言われた側はバカにされたような気分になり、せっかくのほめ言葉も素直に喜べません。◎のように年齢にはとらわれず「目の前の人」に対して称賛を送りたいものです。

　×は「学歴もないのに～」という余計なひと言が「精神的な攻撃」や「個の侵害」にあたり、パワハラと見なされます。

　ちなみに、こうした年齢や世代を理由に、差別や嫌がらせをすることを、俗にエイジハラスメント（P231参照）と呼びます。

こんな言い方も Good!

> まだ経験も浅いのに、君の今回の働きにはすっかり脱帽したよ！これからも頼んだよ。

Point

年齢や性別に関係なく、結果を出した人を手放しでほめることで、風通しの良い職場になります。

⚠ No! ハラスメント Memo

- ✔ 年齢ばかりにフォーカスしない
- ✔ **NGワード**
  「学歴もないのに」「バカなクセに」
- ✔ **要注意ワード**
  「若いくせに」「若いわりには」

CASE 27

職場編
ほめる

バリバリ仕事をこなす
女性をほめるとき

アウト
これはハラスメント!!

（冷やかし気味に）
女だてらに
張り切っているなぁ。

グレーゾーン
要注意!

**女性ながら
頑張ってるなぁ。**

セーフ
トラブル回避のお手本

●●さん、頑張るね！

トラブル回避のポイント

性別による能力や役割の先入観を捨てて向き合う

×の「女だてらに」や「女のくせに」は、女性に似つかわしくない言動を揶揄する言葉で、批判のニュアンスを含む場合もあります。

性別による能力や役割の決めつけは差別とされ、CASE 22 ～ 24 でも紹介したように『男女雇用機会均等法』に反する差別的取り扱いです。俗にジェンダーハラスメント（CASE 3 参照）と呼ばれる場合もあります。

△は差別や冷やかしを感じさせるニュアンスがないので、これだけでハラスメントではありませんが、女性に特化した言い方は性別による差別ととられかねません。誤解を招かぬよう、避けたほうが無難な表現です。

理想は◎のように、男女の別なく「●●さん」と名前を呼んでほめるスタイルです。あえて名前を呼ぶことで、相手は「自分を見てくれている」ことを意識し、やる気も高まります。同時に声をかけてくれた相手への親しみも湧くので、信頼関係の深まりも期待できるでしょう。

こんな言い方も Good

●●さん、この間の商品企画、今までにない視点が効いているね。とても良かったよ！

Point

漫然とほめるのではなく、どこが良かったか、具体的に指摘すると相手は納得し、喜びも大きくなります。

⚠ No! ハラスメント Memo

☑ 性別にフォーカスしすぎるとジェンダーハラスメントに

☑ NGワード
「女のくせに」「女だてらに」

☑ 要注意ワード
「女性ながら」「女性なのに」

実録！リアル CASE4 → p.98

気が利く男性を
ほめるとき

アウト
これは ハラスメント!!

女みたいに、
細かいことに
気がつく奴だな。

グレーゾーン
要注意!

いい<u>旦那</u>さんに
なりそうだね。

セーフ
トラブル回避のお手本

●●さんの目くばりには
感心させられるよ。

トラブル回避のポイント

「気が利くのは女性」という思い込みがセクハラを招く

×は「細やかな配慮をするのは女性であり、男性はそうあるべきではない」という決めつけが、差別的な発言につながっています。言われた側は「男のくせに」とか「男らしくない」などと、けなされているように感じるでしょう。ＣＡＳＥ 27と同様、これもジェンダーハラスメントになります。本来、気がつく性格や、細やかな心づかいをすることに男女の差などありません。

△の「いい旦那さんになりそうだね」や「●●さんは、いい奥さんになるよ」といった言い回しは、かつてはその人のやさしさや家庭的な人柄を称えるほめ言葉でした。ところが現在では、そもそも誰もが結婚する、と考えること自体が勝手な思い込みといえます。こうした悪気のない決めつけが、思わぬトラブルになることもあるので注意したいものです。

◎のように、よく気がつくことを「目くばり」と印象よく表現し、さりげなく持ち上げられれば、相手も悪い気はしません。

こんな言い方も Good!

> さすが●●さん。
> 何から何まで
> 気くばりが
> 行き届いているね。

Point

用意周到でソツのない様を「気くばり」または「心くばり」という、あたたかみのある単語を使ってほめると効果的です。

⚠ No! ハラスメント Memo

✓ 「気が利く＝女性」といった決めつけは×

NGワード
✓ 「女みたいに細かいことに気がつく奴だな」

要注意ワード
✓ 「いい旦那さんになる」「いい奥さんになる」

女性の見た目を
ほめるとき

✕ アウト
これはハラスメント!!

髪形変えた？もしかして
今日はデート？彼氏と
うまくいってるんだ。

▲ グレーゾーン
要注意!

なんか最近スリムに
なったね。
ダイエットしたの？

◎ セーフ
トラブル回避のお手本

その服、よく似合ってるね！

トラブル回避のポイント

プライバシーに触れなければ
髪形や服装をほめてもOK

　男性が女性の髪形を話題にしても、セクハラにはあたりません。このあたりは誤解されている方も多いようですが「かわいいね」や◎の「その服、似合ってるね」も、発言者に性的な要素を感じなければ、セクハラには該当しません。

　しかし、そこに「今日はデート？」「彼氏とうまくいってるんだ」といった、プライバシーに踏み込んだ余計なひと言が加わると、セクハラと言われても仕方がないでしょう。このアウトとセーフの線引きが上手にできる人は、セクハラの傾向が少ない人といえます。

　△は、まさにグレーゾーンにあります。「スリムになったね」は、ただちにセクハラにはなりませんが、体型の話題はデリケートなもの。精神面や病気などの影響も考えられるので、興味本位で話題にすることは控えましょう。ただし、いかにも健康的にやせた人に「すっきりしましたね」は◎。「いや、じつは…」と相手も話にのってくれば、会話の糸口になります。

こんな言い方も

髪を切ったんだ。
とても似合っている
と思うよ。

Point

カットした髪形をほめるのは、見たままの気持ちを言葉にしているだけなので問題なし。さりげないコミュニケーションのひとつです。

⚠ No! ハラスメント Memo

☑ 個人的なこと、容貌や体型には触れない

NGワード
☑「今日はデート？彼氏とうまくいってるんだ」

要注意ワード
☑「スリムになった？」

力もちの男性を
ほめるとき

✕ アウト
これはハラスメント!!

筋肉モリモリだね。
さわらせて！

△ グレーゾーン
要注意！

マッチョなボディだね。

◎ セーフ
トラブル回避のお手本

●●さんは力もちだね。
何かトレーニング
しているの？

トラブル回避のポイント

体に「さわらせて」は
男女の別なくセクハラ

×の「…さわらせて」は、言った本人は冗談半分や、からかうつもりかもしれません。しかし、それによって相手が嫌な思いをすれば、性的な言動で相手を不快にさせる「環境型」と呼ばれるセクハラになります。

力の強い男性をほめるなら、◎のようにストレートなフレーズで、サラリと表現したいものです。

ちなみに、セクハラというと「男性が加害者で女性は被害者」とイメージされがちですが、女性から男性へ、あるいは同性同士やLGBT（性的少数者）に対するケースもあります。

注意したいのは△にある「マッチョ」という言葉。筋肉ムキムキの人をさして、普段、何気なく使うこともあるかと思います。ところがマッチョには「筋骨たくましい」という意味のほかに「男性優位を誇示する様、男性らしさ、オスを誇示する」といった意味も。人によっては、そう言われるのを嫌うかもしれませんので、覚えておいてください。

こんな言い方も Good

●●さんは
頼もしいね。

↑
Point

パワフルな男性を「頼りになる」「心強い」など、信頼を感じさせる言葉でほめれば好印象を与えるでしょう。

⚠ No! ハラスメント Memo

✔ 男女の別なく、相手の体をさわるのはセクハラ

✔ NGワード
「さわらせて」

✔ 要注意ワード
「マッチョ」

実録！リアル CASE5 ➡ p.98

年上の部下を
ほめるとき

 アウト
これはハラスメント!!

おじさんのくせに
よくわかりましたね。

 グレーゾーン
要注意!

さすが●●さん、
見直しましたよ。

セーフ
トラブル回避のお手本

こういう案件は、
やはり●●さんでなくては、
まとまりませんね。

トラブル回避のポイント

年上へのリスペクトを含んだ言動を心がける

　今や世の中は 360 度評価の時代。部下が上司を、年下が年上を評価することに違和感がなくなりつつあります。今後、この事例のような状況も増えてくるのではないでしょうか。

　ここで問題なのは、年齢や性別で相手の能力を勝手に断定することです。✕の「おじさんのくせに」を年齢による差別ととらえればパワハラに、性別での差別となればセクハラになります。

　部下とはいえ、年上となれば経験や知見も豊かな人が少なくありません。◎のように「●●さんでなくては〜」といった、相手へのリスペクトを感じさせる言葉がけをしたいものです。言われた側も自尊心がくすぐられ、悪い気はしないでしょう。

　相手への敬服を表すつもりが、逆に失礼になっているのが△の事例。「見直した」は上から目線の言葉づかいで、目上や年上に使うことは不適切です。「改めて恐れ入りました」などと言い換えましょう。

こんな言い方も

> ●●さん
> だからこそですね。
> 改めて
> 感服しました。

Point

◎と同じように、年上を立てるなら「感服」や「敬服」という言葉づかいも好印象です。

⚠️ **No! ハラスメント Memo**

☑ 年齢や性別によって能力を見切らない

☑ **NGワード**
「おじさんのくせに」「おばさんのわりに」

☑ **要注意ワード**
「(年上、目上に) 見直しましたよ」

部下の健康を
気づかい
休ませるとき

✕ アウト
これはハラスメント!!

（立て込んだ仕事の調整もせずに）
休みもとらずにダラダラ
働いてると迷惑なんだよ。休めよ!

△ グレーゾーン
要注意!

君がいなくても
仕事に支障はないから。
少し休んだほうがいいよ。

◎ セーフ
トラブル回避のお手本

私は来週休みをもらうけど、
●●さんもたまには
体を休めたら？

トラブル回避のポイント

部下が心おきなく休める環境を整えてあげる

　部下の健康管理も上司の役割のひとつです。とはいえ、✕のように後先を考えずに休みを強制するのは、業務上の必要性、相当性を欠く行為でパワハラに該当します。

　また、「迷惑なんだよ〜」は暴言とも受けとれるもので、パワハラの6つの類型のひとつ、「精神的な攻撃」にあたります。

　精神的な攻撃とは、暴言、嫌みや侮辱など、言葉（文章も）で相手を傷つける、精神的に追いつめる行為です。

　休みをとらせたい気持ちがあるならば、どうすれば安心して休めるか部下の意見も聞き、環境を整えてやるのが上司の務めです。そのうえで、◎のように押しつけ感のない言い方で、休みに誘ってはいかがでしょうか。

　△のフレーズは「自分は必要ないの？」と反発を買うか「今までの頑張りは何だったの!?」と落胆させるもの。ハラスメントとはいえなくても、部下の不信感を招き、良好な関係を損なうおそれがある言い方です。

こんな言い方も

私は休むことも
仕事、と思って
有休を使っているよ。

↑
Point

やんわりと休暇の大切さを示す。これなら仕事に没頭する部下の気持ちに水をさすこともありません。

⚠ No! ハラスメント Memo

✔ 仕事の調整もせずに有休を強制するのはパワハラ

✔ **NGワード**
「（何の調整もなく）おまえ●日まで休みな」

✔ **要注意ワード**
「君がいなくても仕事に支障はない」

多忙な部下を気づかい、業務の軽減を指示するとき

✕ アウト
これはハラスメント!!

（理由の説明もなく）A社の担当からはずすよ。
これで楽になるぞ、感謝しろよ。

△ グレーゾーン
要注意!

君には**無理そうだから**、A社の件は別の人に任せることにした。

◎ セーフ
トラブル回避のお手本

君にはもっとレベルの高い仕事をしてほしいから、A社の件は別の人に任せないか。

トラブル回避のポイント
指示や通達の理由を伝え
わだかまりを残さない

この事例のテーマは、多忙を極める部下の負担を軽くするため、上司が業務の軽減をはかろうとするものです。◎のように部下の能力を評価し、自尊心をくすぐるような通達ができれば理想的といえます。

その逆でトラブルになりやすいのは、✕のような理由も説明せず担当の変更を言い渡すケース。こうした行為は業務上の必要性や相当性を欠くもので、パワハラに該当します。さまざまな事情で業務を変更せざるを得ないときは、当事者にその理由を伝えて納得してもらい、不信感を残さないようにしましょう。

なお、✕の「はずれてもらう」は、能力がなくて除外されるような印象を与えるきつい言葉です。「変わってもらう」「配置転換する」など、別の言葉に言い換えたいものです。

△の「君には無理そうだから〜」は、能力に見合った仕事を与えない、パワハラの「過小な評価」につながるおそれがあるフレーズ。使うのは控えたほうが無難です。

こんな言い方も

> いろいろ調整した結果、A社の件は君の手を煩わせずにすみそうだよ。

Point

業務内容や担当者の変更など、センシティブな指示・通達は、配慮を含んだ穏便な言い回しで。

⚠️ No! ハラスメント Memo

- ✅ 何の説明もなく、仕事を減らす、仕事を与えないのはパワハラ
- **NGワード**
- ✅ 「（何の説明もなく）担当をはずれてもらう」
- **要注意ワード**
- ✅ 「君には無理そうだから」

CASE 34

職場編
気づかう

体調の悪そうな
異性を気づかうとき

✕ アウト
これはハラスメント!!

（冗談ぽく）
まさか更年期？

△ グレーゾーン
要注意！

もしかして寝不足？
昨夜何してたの？

◎ セーフ
トラブル回避のお手本

体調はどうかな？

③

トラブル回避のポイント

健康問題や私生活に
踏み込まない

更年期障害は多くの女性にとって、深刻な健康問題です。そして男性の中にも、更年期で苦しんでいる人がいます。そのため、×のように更年期を揶揄する言い方は、相手を不快にする性的な言動ともとれ、性別を問わずセクハラ（P7参照）にあたります。

女性の生理についても同様です。個人の健康や体調についての話題は、より慎重に扱わなければなりません。

△の問いかけは、相手の体調を気づかっているという点で問題にはなりません。ただし、「彼（彼女）と一緒だったの？」など、プライベートに深く踏み込んだり、性を連想させるようなひと言を加えたりすると、一転セクハラになります。私生活に話題を向ける場合は慎重な言葉選びが求められます。

ベストは◎のように、「体調はどう？」とさり気なく気づかいを示すことです。余計な詮索はせず、相手の体を心配していることだけが伝わればよいのです。

こんな言い方も Good

大丈夫？

↑
Point

シンプルですが「自分を心配してくれているのだ」ということが相手にストレートに伝わります。煩しさや重さも感じさせないひと言です。

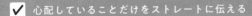

⚠ No! ハラスメント Memo

✓ 心配していることだけをストレートに伝える

✓ **NGワード**
「更年期？」「生理？」

✓ **要注意ワード**
「昨夜何してたの？」

実録！リアル CASE5 → p.98

85

妊娠中で体調がすぐれず パフォーマンスが 落ちているとき

✕ ▶アウト
これはハラスメント!!

つわりは病気じゃないから。
甘えないでよ。

▲ ▶グレーゾーン
要注意!

あなたもやればできる。
頑張って！

◎ ▶セーフ
トラブル回避のお手本

仕事は**分担する**から、
無理なくできる範囲を
相談しよう。

トラブル回避のポイント

妊娠中の業務内容は
母体と胎児の健康優先

　妊娠をきっかけに職場で精神的・肉体的な嫌がらせを受けることをマタニティハラスメント（以下、マタハラ・P7参照）といいます。なかでも✕のように、つわりで苦しんでいる人に対して「つわりは病気じゃない」「甘えている」と突き放すことは、精神的にも肉体的にも大きな苦痛を与えることになります。部下や後輩の妊娠中は、何よりも母体や胎児の健康を第一に考えて接したいものです。

　しかし、妊娠を理由に本人の了承もなく仕事を減らしたり、変えたりするのもNG。良かれと思って行った場合でもマタハラになります。そこで◎のように、無理なくできる仕事の範囲を本人と相談して決め、快適に働ける環境を整えることが重要です。

　励ますつもりでつい、△のような言い方になることもあります。しかし、妊娠中の体調は本人の努力ではどうにもなりません。安易な「やればできる」は酷であり、状況によってはマタハラになる可能性もあります。

こんな言い方も Good

> 無理してない？
> 不安があったら
> すぐに言ってね。

Point

負担を感じていてもなかなか言い出せない場合もあります。気軽に相談できる声かけや雰囲気づくりが大切です。

⚠ No! ハラスメント Memo

- ✔ 本人とよく相談して仕事を調整する
- ✔ NGワード
  「つわりは病気じゃない」「甘えないで」
- ✔ 要注意ワード
  「やればできる」「頑張って」

最近太ってきた部下や後輩と雑談するとき

 アウト
これはハラスメント!!

最近太り過ぎだぞ。
だから仕事もできないんだよ。

 グレーゾーン
要注意!

体重気にしてるか?
自己管理も大事だよ。

 セーフ
トラブル回避のお手本

もしかして最近
ストレスたまってない?
心配なことがあれば
何でも言ってよ。

トラブル回避のポイント

○ ○ ○ ○ ○

太っていることよりも その背景に目を向ける

体重制限が必要な一部の職業を除き、個人の体重や体型に関しては、基本的には職場の上司が口を出すべき問題ではありません。

ましてや✕のように、太っていることを仕事ができないことと結びつけて罵倒するのは、相手を著しく侮辱する行為であり、パワハラにあたります。冗談半分で「デブだな（笑）」などとからかうのもアウト。△のように「体重気にしてる？」と嫌味なく尋ねる程度がハラスメントのギリギリのラインです。

とはいえ、部下の健康を気づかうことも上司にとっては業務のひとつ。仕事のストレスが食生活の乱れを引き起こし、それが肥満につながっている可能性もあります。それとなく様子をうかがうことは、上司として正当な対応といえるでしょう。

いずれにしてもデリケートな問題ですから、直球な言い方は避けるほうがベター。◎のように、ストレスに焦点を当てて聞くことで、さりげなく太った原因を探りましょう。

こんな言い方も

> 君には
> 期待しているから、
> 体調管理には
> 気をつけてね。

↑
Point

部下への期待を込めつつ、やんわりと健康管理を促すのもいいでしょう。

⚠ No! ハラスメント Memo

☑ 体重や体型など、個人的なことには触れない

NGワード
☑ 「太り過ぎだぞ」「だから仕事もできないんだ」

要注意ワード
☑ 「体重気にしてるか？」

CASE 37

職場編
雑談する

未婚の部下や後輩から
結婚について
聞かれたとき

✕ アウト
これは**ハラスメント!!**

君は結婚をしていないから、
いつまでも責任感が薄いんだよ。

△ グレーゾーン
要注意!

**そろそろ結婚して
身を固めたら?**

◎ セーフ
トラブル回避のお手本

**結婚する、しないは
個人の自由だからね。**

トラブル回避のポイント

結婚の話題には あえて触れない

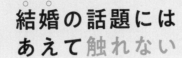

　未婚であることを理由に仕事の評価を下げたり、人格を否定したり、さらには結婚を強要したりすることはパワハラの「個の侵害」にあたり、マリッジハラスメント（以下、マリハラ・P 231 参照）にあたる可能性があります。

　「結婚する、しない」は、仕事をするうえで関係のないことです。職場でわざわざ結婚の話題に触れる必要もありません。

　もし結婚について部下や後輩から聞かれたら、◎のようにあくまで結婚は個人の自由という立場をとるのがベスト。「私は結婚して良かったよ」と個人の意見を伝える分には、何ら問題にはなりません。

　一方で✕のような、根拠のない決めつけをすることは相手への侮辱となり、パワハラに該当します。

　△は結婚を強要しているわけではありませんが、相手は嫌な気持ちになるでしょう。また、「身を固める」という表現が、誤解や不快感を招く恐れがあるので注意が必要です。

こんな言い方も Good!

結婚していようと
いなかろうと、
仕事には関係ないよ。

↑
Point

「結婚と仕事は無関係」と明言することが、未婚の部下に安心感を与えます。

⚠ No! ハラスメント Memo

✓ 未婚を理由にした人格の否定などはマリッジハラスメント

NGワード
✓ 「結婚してないから責任感が薄いんだよ」

要注意ワード
✓ 「そろそろ結婚したら？」「身を固めたら？」

子どものいない 既婚者から出産について 聞かれたとき

✕ アウト
これはハラスメント!!

子どもはまだ？
若いうちに産んだほうが
いいよ。

▲ グレーゾーン
要注意!

心配しすぎだよ。
産んじゃえば
なんとかなるって。

◎ セーフ
トラブル回避のお手本

（意見を聞かれたときに）
私は若いうちに産んで
よかったと思う。
それぞれの家庭で
事情は違うけどね。

トラブル回避のポイント

妊娠・出産に関わる軽率な発言は控える

厚生労働省の調査によると、日本で不妊の検査や治療を受けたことのある夫婦の割合は、実に5.5組に1組。多くの人が不妊に悩んでいることが明らかになっています。

このような現状で、✕のように子どもを産むことを求める発言は、子どものいない夫婦へのハラスメント（俗に子なしハラスメントという）と受け止められます。

また、すでに子どもがいる人に「2人目はまだ？」「早くきょうだい作ってあげなよ」などと言うのも不適切。さまざまな事情で子どもを持ちたくても持てない人がいることを理解すべきです。

結婚と同じく妊娠や出産についての話題もプライベートに関わるため、踏み込んだ発言は控えたいもの。意見を求められた場合に限り、◎のような体験談として、相手の立場を考慮したスタンスで応じましょう。

△は相手の事情も知らずに、無責任で乱暴な言い方です。繊細な問題ゆえ慎重な対応を。

こんな言い方も

子どもっていいよ。
私は産んでよかった
と思ってる。

Point

子どものことを聞かれたら遠慮したり、卑下したりする必要はありません。子どもを産む素晴らしさをありのまま伝えてよいのです。

⚠ No! ハラスメント Memo

✔ 妊娠・出産に関わる話題は踏みこみ過ぎず

✔ NGワード
「子どもはまだ？」「若いうちに産んだほうがいいよ」

✔ 要注意ワード
「産んじゃえばなんとかなるって」

20代の女性の部下と雑談するとき

✕ アウト
これはハラスメント!!

○○さんは若くてかわいいね。
女は30超えたらダメだな。

▲ グレーゾーン
要注意!

○○さんは20代か。
今が華だよ。

◎ セーフ
トラブル回避のお手本

○○さんは20代か。
これから何でも
チャレンジできるね!

トラブル回避のポイント

まわりで聞いている 上の世代にも気配りを

若い部下と雑談をしていて、思わず「若いっていいね」と言いたくなることは誰にでもあると思います。若さをほめること自体に問題はありませんが、それを耳にした周囲の人たちに不快な思いをさせないよう、表現に気を配りたいものです。

例えば△の「今が華だよ」は、上の世代の人にはあまり気持ちのよい言葉とはいえません。1対1で話すか、まわりも若い世代が多いような状況限定で使いましょう。

✕の「若くてかわいいね」は、若い女性に対する性的な言動ととられればセクハラになるでしょう。さらに「女は30超えたらダメだな」は、30代以上の女性を侮辱するもので、こちらもセクハラに該当します。

女性の容姿や年齢にフォーカスした雑談は避け、◎のような性別を問わない、若者にエールを送るような会話が好ましいでしょう。

お説教や自慢話も封印し、フランクに話を楽しみたいものです。

こんな言い方も Good!

> 20代か。
> まだこれからだね。

↑
Point

若者の前途を祝すようなこんな言い方も◎。会話に詰まったときにも使えます。

⚠ No! ハラスメント Memo

✔ 若さをもてはやす発言はまわりに配慮しながら

✔ NGワード
「若くてかわいいね」「女は30超えたらダメだな」

✔ 要注意ワード
「今が華だよ」

アダルトな雑談に部下が不快感を示したとき

アウト これはハラスメント!!

いい大人なんだから
これくらい流せないでどうする。
うちじゃやっていけないよ。

グレーゾーン 要注意!

ごめん、ごめん。
軽い冗談だから。

セーフ トラブル回避のお手本

申し訳ない。
この場に不適切な
言葉だったね。

トラブル回避のポイント

自らの非を認め すぐに謝罪し撤回する

　私がある企業でハラスメント研修を行った際、取締役の一人から「何十年も前に自分もハラスメントをしてしまったかもしれない」と打ち明けられました。「今でも謝るべきでしょうか?」と尋ねられたので「どんなに昔のことでも、謝罪できる状況にあるのなら謝るべき」とお答えしました。

　このように「ハラスメントをしたな」と感じたら、言い訳をせずに非を認め、その言動を謝罪・撤回しましょう。問題を大きくしないためにも、そして二度と繰り返さないためにも、気づいたらすぐに謝ることが重要なのです。

　◎の例では、まず真っ先に謝罪の言葉を口にしています。さらに「この場に不適切だった」と自分の落ち度を認めていることも評価できます。△は、一応謝ってはいるので✕ではありませんが「冗談だから」で逃げるのはいただけません。✕のように相手を不快にさせているにもかかわらず、まるで部下に非があるかのような発言は言語道断です。

こんな言い方も Good

> 今の発言は
> 撤回します。
> みなさんに不快な
> 思いをさせたね。
> 大変失礼した。

Point

立場の上下にかかわらず、即座に非を認めて謝る姿勢が大切。潔さがその場の負のムードを払拭します。

⚠ **No! ハラスメント Memo**

✔ 気づいた時点で言い訳せずに謝罪する

✔ **NGワード**
「これくらい流せないでどうする」「そんなつもりじゃなかった」

✔ **要注意ワード**
「冗談だから」「聞き流して」

実録！リアル CASE5 ➡ p.98

ハラスメント訴訟の判例集　FILE 3

セクハラ

リアル　CASE 4　事件名　M市議会議員「男いらず」事件

内容

A県M市議会の男性議員が、女性市議会議員に対して「男いらずの●●さん」と呼びかけた。また、自ら発行している活動報告書で、同じ女性市議の氏名の上に「オトコいらず」とふりがなをつけた。男性市議は一連の行為をただのユーモアとして撤回などをしなかった。

判決

女性市議の尊厳・名誉・人格権及び議員としての就業環境を侵害したセクハラと認定され、男性市議に慰謝料40万円の支払いを命じた。

ハラスメント対策専門家's eye

ちょっとした軽口や、からかい半分の行為のつもりでも、当事者は深く傷つくことがあります。CASE27の×のような冷やかし気分での発言も、セクハラやパワハラになる可能性が考えられます。

セクハラ

リアル　CASE 5　事件名　上司からの度重なるセクハラで、アルバイト女性がうつ病を発症した事件

内容

チルド食品の配送などを行う会社のアルバイト女性が、職場のセンター長から「ここでしてよ」と言われたり、菓子を口移しするようなしぐさをされたりした。また、この女性から相談された会社が何も対応しなかった。

判決

性行為を求めたり、性的に不適切な言動をするなど、一連の行為をセクハラと評価。そのうえ、会社に相談しても適切な対応がないことで、女性の心理的負荷の評価は「強」というべきで、労災が認定された。

ハラスメント対策専門家's eye

被害女性はセクハラの繰り返しでうつ病となり解雇されました。行為者と放置した会社には憤りを禁じ得ません。性的な言動で相手を不快にする、という点でCASE30、34、40にも共通する面があります。

Chapter 4

職場編

上司から部下へ
先輩から後輩へ

休暇制度
時短制度
相談を受ける

　産休や育児、介護、病気やケガなどを理由に、休暇制度や時短制度を利用する人がいます。しかし、業務の繁忙や人員不足などから、こうした制度利用を邪魔したり、交換条件で退職を迫るようなケースがあるのも事実です。ここからはそうしたマタハラ、パタハラ、ケアハラなどの事例を紹介。また、ハラスメントの相談をした人が、逆に追い詰められてしまうハラハラや、多様性を考えた対応が求められるSOGIハラなど、相談関連の項目も見てみましょう。

妊娠の報告を受けたとき

 アウト

これは ハラスメント‼

こんな忙しい時期に困るなぁ。
まわりに迷惑かけないでよ。

 グレーゾーン
要注意!

ちょうど忙しくなる
ときだな……
でも仕方ないね。

 セーフ
トラブル回避のお手本

おめでとう。
今後の仕事の進め方は
相談して決めていこう。

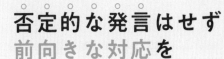

トラブル回避のポイント

否定的な発言はせず前向きな対応を

2017年に改正された『男女雇用機会均等法』では、事業者に対し、妊娠・出産に関するハラスメント（マタニティハラスメント）を防止する措置を講じることが義務づけられています。なかでも妊娠・出産に関する否定的な言動が、マタハラを生む原因や背景のひとつであるとして、改善が求められています。

妊娠の報告を受けたとき、✕のように「困るなぁ」「迷惑かけないでくれよ」と言うのは、妊娠した女性に対する否定的な発言ととらえられるため控えるべきでしょう。妻の妊娠・出産を報告した男性に対して、同様の発言をすることもハラスメントにあたります。

△の「ちょうど忙しくなるときだな」は事実を言っているだけなのでマタハラにはあたりません。しかし「仕方ないね」は、やや否定的な印象を与えかねないため要注意です。

望ましい応答は◎のように妊娠の報告を肯定的に受け止め、妊娠中の仕事の進め方について相談に応じる姿勢をみせることです。

こんな言い方も Good!

わかった！
人はなんとか
やりくりするよ。

Point

迷惑をかけるかな、と気後れしながらの報告を快諾してくれると、相手にとっても気が楽になるものです。

No! ハラスメント Memo

- ✔ 否定的な発言を避け、相談に応じる姿勢を
- ✔ NGワード
  「忙しい時期に困るな」「迷惑かけないでくれよ」
- ✔ 要注意ワード
  「仕方ないね」

産休の申請を
受けたとき

 ✕ **アウト**
これは **ハラスメント!!**

長く休むより、やめたほうが
まわりに迷惑かけないよ。

 △ **グレーゾーン**
要注意!

あなたの代わりは
どうにかなるから。
心配しないで。

 ◎ **セーフ**
トラブル回避の**お手本**

後のことは心配しないで。
戻ってくる日を待ってるよ。

トラブル回避のポイント

男女ともに認められる権利を尊重する

妊娠した女性が産前産後休業（産休）を取得することは『労働基準法』で認められています。また、産休を取得したことを理由に労働者を解雇したり、不当に扱ったりすることは『男女雇用機会均等法』で禁止されています。産休の申し出を受けた際、「まわりの迷惑になるから」と退職を促すことは、どちらの法律にも抵触する不適切な対応といえます。

産休に限らず、育児や介護、病気やケガにより休暇を取得する可能性は誰にでもあります。お互い様という気持ちで、思いやりのある声かけを心がけましょう。その点で△はハラスメントではないにしろ、ややトゲのある言い方に聞こえるかもしれません。

『育児・介護休業法』の改正により2022年4月からは、男性にも産休が認められることになりました。従来の育休とは別に、子どもの出生後8週間以内に計4週間の休暇を取得できる制度です。男性からの申し出にもスムーズに応えられる態勢づくりが期待されます。

こんな言い方も

> そろそろ準備が
> 大変になるね。
> 仕事のことは
> 安心して任せて。

Point

出産に備えて身のまわりも慌ただしくなる時期だからこそ、こちらは大丈夫！と思いやりのひと言を。

 No! ハラスメント Memo

- ✓ 産休取得を認めないのは法令違反
- NGワード
  ✓「やめたほうがまわりに迷惑かけないよ」
- 要注意ワード
  ✓「あなたの代わりはどうにかなるから」

育休の申請を男性から受けたとき

✕ アウト
これは<u>ハラスメント</u>!!

子どもの世話なんてする
暇があったら仕事しろ！

グレーゾーン
要注意！

奥さんも
育休とるんでしょ？
だったら休み調整してよ。

セーフ
トラブル回避のお手本

了解しました。
今後のことは
また相談しよう。

トラブル回避のポイント

男性の育児参加を妨げる発言は控える

『育児・介護休業法』では、1歳未満の子どもを持つ男女の労働者に対し、育児休業の取得を認めています。しかし、「子育ては女性の仕事」といった意識が根強い日本では、男性の育休取得への理解は必ずしも進んでいないのが現状。育児参加を望む男性に対するパタニティハラスメント（以下、パタハラ・P7参照）も目立ちます。

男性が育休を申し出た際、男性が育児に参加する権利を侵害する×のような発言は当然パタハラにあたります。また、個人の尊厳を傷つける「育休をとる男は仕事ができない」などの暴言を吐いたり、育休の取得を理由に本人の承諾なくプロジェクトからはずすといった不当な扱いをすることもパタハラです。

女性と同じように、男性にも◎のような肯定的な表現で育休取得を後押しできるとよいでしょう。△はハラスメントにはなりませんが、本人の希望を曲げるような発言です。会社の都合を優先させるべきではありません。

こんな言い方も Good!

いよいよか。
楽しみだね。

↑
Point

出産を心待ちにしている相手に共感する、前向きな言い方です。

⚠ No! ハラスメント Memo

✓ 男性も育休をとるのが当たり前、と意識を変える

✓ NGワード
「子どもの世話をする暇があったら仕事しろ」「育休をとる男は仕事ができない」

✓ 要注意ワード
「奥さんも育休とるなら休み調整してよ」「奥さんを支えてあげてね」

介護休業・介護休暇の申し出を受けたとき

アウト
これはハラスメント!!

休まれちゃ困るよ。奥さんとか、きょうだいとか、ほかに面倒見てくれる人はいないの?

グレーゾーン
要注意!

どんな様子なの?
仕事して、親の面倒も見て、君も大変だな。

セーフ
トラブル回避のお手本

わかった。
何か必要なことがあれば
相談してね。

トラブル回避のポイント

仕事と介護の両立を支援し介護離職を防止する

現在、国内で家族の介護を理由に仕事を辞める人は年間 10 万人にも上るといわれています。仕事と介護の両立を推奨するさまざまな制度が用意されているにもかかわらず、介護離職が後を絶たない背景には、介護を担う労働者を不当に扱うケアハラスメント（以下、ケアハラ・P 7 参照）の問題があります。

『育児・介護休業法』では、労働者は介護休業・介護休暇を取得することができると定められています。「休まれては困る」などと制度利用の申し出を拒むことは違法であるとともに、仕事と介護の両立を否定する不当な扱いと見なされ、ケアハラにあたります。

ケアハラを防止し、介護を担う人を支えるには、◎のように必要なときに相談できる職場の協力体制を整えることが先決です。

また、家族の病状や介護の様子については他人にはあまり知られたく部分もあります。△のような興味本位ともとれる詮索は遠慮しましょう。

こんな言い方も

> こちらのことは心配しないで。復帰時期はまた相談しよう。

Point

仕事の心配がなくなるだけでも、介護する人の心の負担は軽くなります。相手に寄り添った声かけを。

⚠ No! ハラスメント Memo

- ✅ 制度を理解し、仕事と介護の両立を支える
- ✅ NGワード
「休まれたら困る」「ほかに面倒見てくれる人は？」
- ✅ 要注意ワード
「どんな様子なの？」「同情するよ」

うつ病による休職の申請を受けたとき

✕ アウト
これはハラスメント!!

これくらいで休むなんて、
社会人として甘いよ。
もう戻ってくるなよ!

△ グレーゾーン
要注意!

頑張って早く治して
帰ってきてね。

◎ セーフ
トラブル回避のお手本

ゆっくり休んで。
何かできることがあれば
言ってね。

トラブル回避のポイント

病気への理解を深め 回復をサポート

　うつ病と診断され、医師が必要と判断すれば、職場の就業規則に定められた範囲で休職を願い出ることができます。規則で認められている以上、管理職の勝手な判断で申請を拒むことはできません。

　「もう戻ってくるな」といった発言は、会社として違法な退職強要にあたる可能性があります。管理職として絶対に言ってはならないひと言です。また、うつ病は適切な治療や療養が必要な病気であり、精神論で治るものではありません。うつ病を本人の甘えや心の弱さのせいにし、社会人として甘いと決めつけるのは、相手の人格を否定するパワハラ（P7参照）にあたります。

　◎のように、スムーズに申請を受け付け、回復を願う言葉がけをすることが、上司としてできる最大限のサポートになるでしょう。

　実は「頑張って」は要注意なひと言。うつ病の人は自分を責める傾向にあり、励ましがかえって重荷になる場合もあるからです。

こんな言い方も Good!

> 仕事に関して
> 気になることがあれば
> 何でも言って。
> 後のことは
> 私に任せて！

Point

すべて引き受ける姿勢をみせて、少しでも相手の心労を軽くできれば◎。

⚠ No! ハラスメント Memo

☑ うつ病を「甘え」ととらえるのはNG

☑ NGワード
「社会人として甘い」「もう戻ってくるなよ」

☑ 要注意ワード
「頑張って」「早く治して」

時短勤務の部下に仕事を頼むとき

✕ アウト
これはハラスメント!!

時短の人に責任ある仕事は
無理だよね。

△ グレーゾーン
要注意!

どうせ時間的に
無理だろうと思ったから、
例の仕事はほかへ回したよ。

◎ セーフ
トラブル回避のお手本

時間がタイトだけれど、
やれそうなら
ぜひあなたに頼みたいな。
どうかな？

郵便はがき

1 0 4 - 8 0 1 1

東京都中央区築地

5—3—2

株式会社
朝日新聞出版
生活・文化編集部 行

ご住所　〒		
	電話　　（　　　）	
ふりがな お名前		
Eメールアドレス		
ご職業	年齢 　　　歳	性別 男・女

このたびは本書をご購読いただきありがとうございます。
今後の企画の参考にさせていただきますので、ご記入のうえ、ご返送下さい。
お送りいただいた方の中から抽選で毎月10名様に図書カードを差し上げます。
当選の発表は、発送をもってかえさせていただきます。

愛読者カード

お買い求めの本の書名

お買い求めになった動機は何ですか？（複数回答可）

　　1. タイトルにひかれて　　2. デザインが気に入ったから
　　3. 内容が良さそうだから　4. 人にすすめられて
　　5. 新聞・雑誌の広告で（掲載紙誌名　　　　　　　　　）
　　6. その他（　　　　　　　　　　　　　　　　　　　　）

| 表紙 | 1. 良い | 2. ふつう | 3. 良くない |
| 定価 | 1. 安い | 2. ふつう | 3. 高い |

最近関心を持っていること、お読みになりたい本は？

本書に対するご意見・ご感想をお聞かせください

ご感想を広告等、書籍のPRに使わせていただいてもよろしいですか？

　　1. 実名で可　　　2. 匿名で可　　　3. 不可

トラブル回避のポイント

責任ある仕事は無理と勝手に決めつけない

子育て中の人には『育児・介護休業法』で労働時間の短縮が認められているほか、それぞれの企業や事業者が独自に定める制度により時短勤務が認められる場合があります。

時短勤務の人にどの程度の仕事を頼むかについては、本人との話し合いのもと、お互いが納得できるように努めます。◎のように本人の意向を確認しつつ、やる気を引き出すような頼み方ができれば、後々のトラブルを防ぎながら、成果を期待できるでしょう。

一方で✕のように「時短勤務だから責任のある仕事を任せられない」というのは、根拠のない不当な評価です。正当な理由なく仕事を与えないことはマタハラ、パワハラにあたります。

△の言い方自体はハラスメントではありません。時間的な事情があり任せられないことを伝えている点で✕とは異なります。ただし「どうせ〜」という表現は、こちらの勝手な言い分と聞こえるため注意が必要です。

こんな言い方も Good

> あなたにお願い
> したかったけど、
> 時間に限りがあった
> のでほかの人に
> 頼んだよ。

Point

「あなたに頼みたかった」と口に出すことが、相手のモチベーション維持にも効果的です。

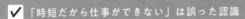

⚠ No! ハラスメント Memo

✔ 「時短だから仕事ができない」は誤った認識

NGワード
✔ 「時短の人に責任ある仕事は無理だよね」

要注意ワード
✔ 「どうせ無理だろうと思ったから」

時短勤務の部下の退社時間が迫っているとき

アウト
これは**ハラスメント!!**

仕事が終わるまで
帰るんじゃないぞ!

グレーゾーン
要注意!

時短さーん。
そろそろ時間ですよ。

セーフ
トラブル回避のお手本

（さりげなく）
キリのいいところで
あがってください。

トラブル回避のポイント

時間になったら
帰れる雰囲気づくりを

時短勤務では退社時刻が迫っても、仕事を終わらせられない場合もあるでしょう。そんなとき✕のような言い方は事実上、上司が時短勤務をさせていないことになるので、マタハラ、パワハラに該当する可能性があります。

時短勤務をする人の中には、同僚より早く帰ることに負い目を感じる人も少なくありません。◎のようにさりげなく声をかけ、帰りやすい雰囲気をつくれるとよいでしょう。△は退社を促すことはいいのですが、「時短さん」という呼びかけに違和感や悪意を覚えます。きちんと名前で呼びましょう。

時短勤務への理解を深めるには、時短を利用する側の気くばりも欠かせません。「時短だから仕事ができなくて当たり前」という態度では周囲から反感を買います。例えば、退社間際に仕事を振られたときなど「申し訳ありません、明日の朝からでも間に合いますか?」と伺いをたてるなど、できる範囲で精いっぱい仕事に取り組む姿勢を見せたいものです。

こんな言い方も

後は任せて。
早くお迎えに
行ってあげて。

↑
Point

仕事がなかなか切り上げられない様子のときには、こんな言い方で助け舟を出すのも◎。

> ⚠ **No! ハラスメント Memo**
>
> ☑ (時短勤務の部下を) 仕事が終わるまで帰さないのはNG
>
> NGワード
> ☑ 「仕事が終わるまで帰るんじゃないぞ」
>
> 要注意ワード
> ☑ 「時短さん」

時短勤務の人に対し
同僚が不満を
こぼすとき

✕ アウト
これは**ハラスメント!!**

グダグダ文句を言うな！
こんな制度があるのが
悪いんだ。

▲ グレーゾーン
要注意！

気持ちはわかるけど、
そこはコラえて
頑張ってよ。

◎ セーフ
トラブル回避のお手本

他人事じゃない**から**。
みんなで支えよう。

不満を受け止めつつ 制度への理解を求める

　時短勤務への理解は、職場全体で共有することが大切です。同僚に対しては時短勤務者を不当に扱うことがないよう求めると同時に、時短ではない人に負担が集まらないよう目を配ることも、管理職の重要な役割です。

　同僚から時短勤務者への不満が出てきた場合、✕のように乱暴にあしらったり、制度そのものを否定したりするような発言はアウトです。逆に、「まったくだ。気楽なもんだよな」などと不満に同意することも、管理職として公平を欠く態度といえます。

　△は最も言いがちな表現かもしれません。時短制度や早く帰る人を否定するものではないので、発言自体はセーフですが、不満に共感しているようにもとれるので注意しましょう。

　ベストなのは◎のように否定も同意もせず、仲間としての「支え合い」を強調すること。くどくどと説き伏せてもかえって不満を募らせてしまうだけなので、短いフレーズで少々たしなめる程度にとどめておくのが賢明です。

こんな言い方も Good

> こういったことは
> お互い様だからね。

↑
Point

自分もいつか制度を利用するかもしれない。「お互い様」であることを気づかせる声かけも有効です。

⚠ No! ハラスメント Memo

✓ 不満を受け止めながらも同意はしない

✓ **NGワード**
「文句を言うな」「こんな制度があるのが悪いんだ」

✓ **要注意ワード**
「気持ちはわかるけど、そこはコラえて」

ハラスメントの相談を受けたとき

✕ アウト

これは ハラスメント !!
仕事とはそういうものだよ。
私の若い頃は
もっとひどかったよ。

△ グレーゾーン

要注意!

へぇ、そうなんだ。
（他人事のような反応）

◎ セーフ

トラブル回避のお手本

こちらが気づかず、
嫌な思いをさせたね。
これからどうしたい？
何か協力してほしい
ことはある？

トラブル回避のポイント

疑いやはぐらかしはNG
相談窓口への橋渡しを

　ハラスメントを相談することによって、相手から否定されたり、責められたりするセカンドハラスメント（P 231 参照）も新たな問題となっています。例えば、部下からの相談に対して上司が「仕事とはそういうもの」「あなたの思い過ぎでしょう？」などと言って、相談にまともに取り合わないこともそのひとつです。

　ハラスメントの相談を受けるうえで大事なことは、相談者の言い分を疑ったり、否定したりせず、真摯に受け止めることです。逆に「そんなことするなんてひどいね」などと、安易な同調もいけません。一方の話しか聞いていない段階では、ハラスメントがあったかどうかを断定することはできないからです。

　まずは相談者の言い分を正確に聞き取り、ハラスメントを扱う部署や相談窓口へ滞りなく橋渡しをすることが重要です。

　聞き取りの際には、△のような他人事や事情聴取のような聞き方にならないよう注意を。相談者の心に寄り添うことを心がけましょう。

こんな言い方も

> それは大変だったね。
> 話してくれて
> ありがとう。

Point

相談してくれたことへの感謝が、相手に「勇気を出して話してよかった」という安心感を与えます。

⚠ **No! ハラスメント Memo**

- ☑ 相手の話を「疑う、はぐらかす、否定する」は×
- ☑ **NGワード**
  「仕事とはそういうもの」「私はもっとひどかった」
- ☑ **要注意ワード**
  「へぇ、そうなんだ」（他人事のような反応）

信頼する部下の言動に問題があると通報を受けたとき

✕ **アウト**
これは ハラスメント‼

彼のことはよく知ってるけど、
そんなことする人じゃないよ。

▲ **グレーゾーン**
要注意!

彼について、
今までそんな話は
聞いたことないなぁ。

◎ **セーフ**
トラブル回避のお手本

教えてくれてありがとう。
これからは彼の言動を
注意して見ておくよ。
もし、また何かあったら
すぐに教えてくれるかな?

4

トラブル回避のポイント

通報者の話を否定せず
公平に対応する

　自分の信頼している部下や同僚がハラスメントをしているという通報を受けたら、信じがたいと思うのも無理はありません。しかし、元となるハラスメントの解決はもちろん、セカンドハラスメントを生まないためにも、公平な対応が求められます。

　通報された内容を根拠もなく否定することは避けなければなりません。「彼はそんな人じゃない」と反論することは、通報者の言い分を否定することになります。「あなたの誤解」「あなたの考えすぎ」など、通報者のほうが間違っているかのような発言も✕です。

　△の「彼のそんな話は聞いたことがない」は、相手の言い分を直接否定することにはあたりません。しかし、問題に向き合わない姿勢と見られるおそれがあるので控えましょう。

　通報者はハラスメント解決のために、強い覚悟を持って声を上げているはずです。まずはその勇気に敬意を表し、問題解決に向けて取り組むことを約束しましょう。

こんな言い方も

> ほかの人にも
> 聞いてみていいかな？
> また何かあれば
> 相談に乗るからね。

Point

公平な判断のため通報者以外の話を聞くことも重要。

⚠ No! ハラスメント Memo

- ✔ 通報者の言い分を否定しない
- ✔ **NGワード**
  「そんなことする人じゃない」「誤解じゃない？」
- ✔ **要注意ワード**
  「そんな話は聞いたことがない」「本当に？」

セクハラの相談を受けたとき

アウト
これは*ハラスメント!!*

そう言われたのは、
あなたにも問題が
あるんじゃない？

グレーゾーン
要注意！

あなたのためを思って、
この件はここだけの話に
しておくよ。

セーフ
トラブル回避のお手本

社内の窓口に相談してみる？
ほかには漏れないから
安心だよ。
私から話す方がいい？

トラブル回避のポイント

相談者に非が あるような発言は慎む

複数の人が見ている前で行われることが多いパワハラと異なり、セクハラは1対1の場面で起こりやすいものです。客観的な証言が少なく、被害者にも非があるとみなされがちなため、相談を受ける際には、セカンドハラスメント防止をより意識した対応が必要です。

「あなたにも問題がある」「そんな恰好してるからだよ」「ついて行ったあなたも悪い」などの言葉で相談者を責めることは、セカンドハラスメントにあたります。

△は相談者を思っての発言かもしれませんが、必ず本人の意向を確認すべきで、勝手に相談を取り下げることがあってはなりません。

◎のように、相談者を安心させながら解決へと導くのがベストな対応です。

セクハラでは泣き寝入りする被害者が多くいる一方で、身に覚えがないにもかかわらず加害者にされる冤罪被害も少なくありません。こうしたことを防ぐためにも、相談を受けた人には、慎重な対応が求められます。

こんな言い方も

話してくれて
ありがとう。
これは会社として
調べたほうが
いいと思うけど、
どう思う？

Point

セクハラを大ごとにされたくないと思う人もいます。相手の意向を確認しながら話を進めましょう。

No! ハラスメント Memo

- ✅ 相談者を責めるような発言は絶対NG
- ✅ NGワード 「あなたにも問題があるんじゃない？」
- ✅ 要注意ワード 「ここだけの話にしておくよ」

制服を着たくない、という相談を受けたとき

✕ アウト

これはハラスメント!!

女性は制服を着るのが
当社のきまりだから。
従えないのならクビにします。

△ グレーゾーン
要注意!

制服を着たくないなら、
●●（制服のない部署）
へ行くしかないね。

◎ セーフ
トラブル回避のお手本

制服を着たくない理由を
教えてもらえるかな？

トラブル回避のポイント

一方的に突っぱねず 相手の言い分も聞く

✕のように解雇をちらつかせながら、社内のルールに従わせることは、CASE 7（P26参照）でも紹介した、会社として違法な退職強要にあたる可能性があります。

「クビにする」「会社をやめろ」という言葉は、それだけでパワハラに相当する暴言です。この点を管理職にある人は、しっかりと自覚しておきましょう。

△はハラスメントにこそあたりませんが、「それが嫌ならやめればいい」といったニュアンスがないともいえません。これでは根本的な問題解決にはならず、相手も突き放された気持ちになります。

まずは◎のように相手の拒否する理由を聞き、両者が納得できるよう話し合うのが理想です。

もし、相手が「体は女性で、心は男性」といったトランスジェンダーであれば、就業規則に従うか、そういったきまりがなければ話し合いの場を設けて柔軟に向き合いたいものです。

こんな言い方も Good!

あなたは、
どういう仕事が
したいのかな？

Point

どんな部署で働きたいのか、本人の希望を聞き、そこでの制服着用の有用性をともに考えるのもいいでしょう。

⚠ **No! ハラスメント Memo**

✓ 異動や解雇をちらつかせ、服従させるのは違法

✓ NGワード
「クビにします」

✓ 要注意ワード
「制服のない部署へ行くしかないね」

実録！リアル CASE 6 ➡ p.126

部下から LGBT であることをカミングアウトされたとき

アウト
これはハラスメント!!

ゲイ（レズ）だったの！
狙わないでよ。

グレーゾーン
要注意!

へー。
私は気にしないけど、
大変そうだね。

セーフ
トラブル回避のお手本

話してくれてありがとう。
何か私にできることが
あるかな？

トラブル回避のポイント

性別に関することは慎重に
個人の尊厳を第一に扱う

　LGBTとはゲイ、レズビアン、バイセクシュアル（両性愛者）、トランスジェンダー（心と身体の性別の不一致／性別越境者）の頭文字をとった単語で、セクシュアル・マイノリティ（性的少数者）の総称のひとつです。

　こうした性的指向や性自認を理由に、職場で差別的な言動をしたり、解雇や雇い止めなどの不利益を与えたりすることをSOGI(ソジ)ハラスメント(以下、SOGIハラ・P7参照)と言います。✕がSOGIハラに該当し、パワハラの精神的な攻撃にもあたります。

　告白されたときは、◎のように真摯に向き合い、職場環境などで不都合があれば言ってほしい旨を伝えましょう。

　△は差別的な言動ではないのでSOGIハラにはあたりません。しかし、相手としては「この人なら」と見込んだ人に、素っ気なくされた気持ちになるはず。職場でも多様性が求められる今、部下の働きやすい形をともに模索するのも上司の役割ではないでしょうか。

こんな言い方も Good

> 何か希望することは
> ある？

Point

相手に希望すること、不満なことがあるか、具体的に聞いてみる。なかには、それを聞いてほしいために告白する人も。

⚠️ **No! ハラスメント Memo**

✅ 性別に関して、さまざまな形があることを認める

✅ **NGワード**
「狙わないでよ」「ゲイなの!? 気持ち悪い」「おかま」「ホモ」「レズ」

✅ **要注意ワード**
「大変そうだね「それもいいんじゃない」

実録！リアル CASE 6 → p.126

ハラスメント訴訟の判例集　FILE 4

リアル
CASE 6
事件名
官庁におけるトランスジェンダーの職員に対するハラスメント事件

内容

官庁に勤める「身体的性別は男性、自認する性別は女性」のトランスジェンダーの職員の求めに応じて、官庁は女性の服装での勤務と女子休憩室の使用を認めたが、女子トイレについては職場から離れた場所にあるトイレに限定して使用を許可した。

また、官庁の担当者は、職員の戸籍上の性別にこだわり「なかなか手術を受けないんだったら、もう男に戻ってはどうか」などと発言。その結果、職員は抑うつ状態となり、約1年半の休職を余儀なくされた。

職員はトイレの利用制限措置と、「男に戻ったら」発言の違法性を問い、国に対して国家賠償請求を起こした。

判決

東京地裁の判決では、個人が自認する性別に即した社会生活を送ることは、重要な法的利益として、国家賠償法上も保護されるものとした。その点から、トイレの使用を限定し続けることは法的利益に反するものとされ、さらに、庁舎管理権における注意義務を怠ったとして違法が認められた。「なかなか手術を受けないんだったら、もう男に戻ってはどうか」という発言については、職員の性自認を否定するものであり、法的に許容される限度を超えたもの、という判断が下された。その結果、慰謝料120万円、弁護士費用12万円の国家賠償が命じられた。

しかし、東京高等裁判所では、同省の対応は違法ではないと判断された。ただし、上司の「手術しないなら、もう男に戻っては」発言については違法とし国の賠償責任を認め、賠償額は11万円となった。原告側は上告。

ハラスメント対策専門家 's eye

LGBT に関するトラブルは、組織の仕組みづくりが追いついていない現状があります。就業規則などで対応できない場合は、話し合いの場をもち、柔軟な姿勢で対処していく必要があります。本書の CASE 52 では制服に関する事例を、CASE 53 では LGBT 関連の事例を紹介しています。

慎重な判断が求められる、とても大切な裁判です。今後も見守る必要があります。

Chapter 5

職場編

上司から部下へ
先輩から後輩へ

リモートワーク
メール
SNS

テレワークの普及で、リモートによるコミュニケーションが増えました。部下の様子が見えない、伝えたいことがうまく伝わらない、上司の細かい勤務チェックがわずらわしいなど、立場を問わず何らかのストレスを抱えている人が多いようです。そこでここからは、特殊な環境で起こりがちなリモートハラスメントの事例と、その対策を紹介します。さらに、実際にあったメールでのトラブルの判例や、SNSをめぐるハラスメントなど、今どきのハラスメント事情を展望します。

リモートワークで部下の進捗状況を確認するとき

× アウト

これは ハラスメント!!

さっきはどこへ行ってたんだ!?
まさかサボってないだろうな?
それなら給料泥棒だぞ!

▲ グレーゾーン

要注意!

ちゃんと仕事してる?

◎ セーフ

トラブル回避のお手本

○○の件は、

どこまで進んでる?

トラブル回避のポイント

進捗状況を疑うのは
相手への侮辱

　新型コロナウイルス感染症への対策として、リモートワークが推奨されています。新しい働き方のため運用ルールが明確でなかったり、利用する人も不慣れだったりするため、ハラスメントが起こりやすいのが特徴です。リモートワークにおける嫌がらせ行為は、俗にリモートハラスメント（以下、リモハラ・P231参照）と呼ばれることもあります。

　リモートでは上司が部下の様子を直接確認することはできません。クギを刺すつもりであっても、「サボってないだろうな？」と疑うのは✕。相手を侮辱する発言でありハラスメントにあたります。△のように「ちゃんと仕事してる？」もイエローカード。発言自体はハラスメントではありませんが、疑うような聞き方は相手に不快感を与えかねません。

　◎のように普段通りの進捗確認でいいのです。ただし、あまり頻繁に確認することは避けましょう。進捗状況が共有されるよう、仕事を「見える化」する工夫も必要です。

こんな言い方も Good!

今朝お願いした件はどうなった？

Point

進捗確認は適度な頻度で、かつ具体的に行うのが◎。

⚠ No! ハラスメント Memo

✔ サボっているかを疑うことは相手への侮辱
✔ NGワード
「サボってないだろうな？」
✔ 要注意ワード
「ちゃんと仕事してる？」

オンライン会議で
顔を合わせたとき

アウト
これは ハラスメント !!

汚い部屋だな。だから
仕事ができないんだよ。

グレーゾーン
要注意!

**ユニークな
インテリアだね。**

セーフ
トラブル回避のお手本

みんな揃ったようだね。
では、始めましょうか。

トラブル回避のポイント

プライベートは
見て見ぬフリが原則

オンライン会議では部下の自宅の映像も目に入ることになります。その様子についてコメントすることは、業務上必要のないことであり、かつプライベートの詮索にもなるため、ハラスメントにつながるおそれがあります。

✕のように「汚い部屋だ」と指摘するだけでも侮辱となるうえ、さらに「だから仕事ができないんだ」と根拠なく結びつけてなじるのは明らかなハラスメントです。「男のくせにキレイだな」や、背景画像を使う人に「何か隠してるのか？」といった表現もアウトです。

△は侮辱ではありませんが、インテリアへの言及は慎重を期すべきでしょう。「何が目に入っても見て見ぬフリをする」。これがリモハラ防止のための大原則です。

なお、オンライン会議で顔出しを要求することはリモハラにはあたりません。部下の健康観察も上司の仕事に含まれるからです。確認のために顔出しを求めるのは、「業務上必要かつ相当な理由」といえます。

こんな言い方も Good!

> 今日は体調も
> 確認したいので、
> 顔出しでやろうか。

Point

通常は音声のみのオンラインで、顔出しを要求するときは、理由も伝えましょう。前もって知らせておくのがベターでしょう。

⚠️ No! ハラスメント Memo

☑ プライベートに踏み込む発言はNG

NGワード
☑「汚い部屋だな。だから仕事ができないんだよ」

要注意ワード
☑「ユニークなインテリアだね」

CASE 56

職場編
**リモート
ワーク**

オンライン会議で
部下から返答が
ないとき

アウト
これはハラスメント!!

何ぼんやりしてるんだ！
だからおまえはダメなんだよ。

グレーゾーン
要注意！

おーい！黙っていたら
わからないよ。

セーフ
トラブル回避のお手本

どこかわかりにくかった？
遠慮なく言ってね。

トラブル回避のポイント

すれ違いが生まれないよう
気くばりのある声かけを

　音声のみで行うオンライン会議では、相手の様子が見えないため、コミュニケーションにすれ違いが生じやすくなります。部下に質問しているのに返答がないからといって、相手がぼんやりしていたのか、または、わざと答えなかったのかはわかりません。

　相手の反応が鈍いと感じる場合は、◎のように上司のほうから、わからないところは遠慮なく質問するよう声をかけることで、会議を円滑に進めることができます。

　部下が集中力を欠いていることが明らかな場合でも、指摘の仕方には配慮が求められます。「ぼんやりしているから仕事ができないんだ」というような発言は、相手への侮辱となるため控えるべきです。

　しかし、△のように「黙っていたらわからないよ」とか「時間がもったいないよ」という言葉で注意を引くことは、ハラスメントにはあたりません。場を引き締めるために発する分には問題にならないでしょう。

こんな言い方も Good

> 聞こえにくかったら、その都度言ってもらってかまないよ。

Point

音声が聞こえにくくても、オンラインでは口をはさみにくいもの。遠慮なく声がかけられる配慮を。

No! ハラスメント Memo

- ✅ 気くばりのある声かけですれ違いを防止
- ✅ NGワード
  「何ぼんやりしてるんだ！だからダメなんだよ」
- ✅ 要注意ワード
  「黙っていたらわからないよ」

部下の通信状態が悪く
通話が頻繁に
途切れるとき

アウト
これは ハラスメント !!

おまえのところいつもだな！
なんとかしておけよ！

グレーゾーン
要注意！

パソコン
買い換えたら？

セーフ
トラブル回避のお手本

気にしないで。
お互い様だから。

トラブル回避のポイント

通信環境改善の責任を
個人に負わせない

通信状態が悪く、オンライン会議がたびたび中断されるとイライラするものです。だからといって、その不満を✕のような暴言で相手にぶつけることは避けなければなりません。事業者が従業員にリモートワークを命じている以上、通信環境を整えるのは事業者の責任でもあります。通信環境を改善するために費用等が発生する場合には、事業者側が補填することも検討すべきです。そのような体制を整えずに、一方的に個人に責任を負わせるのは「過大な要求」でありパワハラ（P7参照）にあたります。

△の「パソコン買い換えたら？」も軽い提案であればセーフですが、一歩間違えれば過大な要求にもなり得るため注意が必要です。

メンバー全員の通信状態がつねに良好であるとは限りません。ここは「お互い様」の精神で、フォローし合える工夫をしましょう。議事録をとったり、ミーティングの録画機能を活用したりすることも有効です。

こんな言い方も

> つながりにくいなら、
> 総務に相談して
> みたら？

Point

職場からの補填がある場合は、担当部署への相談を勧めるのも一案です。

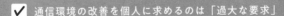

⚠ No! ハラスメント Memo

- ✓ 通信環境の改善を個人に求めるのは「過大な要求」
- ✓ NGワード 「なんとかしておけよ！」「回線ポンコツだな」
- ✓ 要注意ワード 「パソコン買い換えたら？」

135

オンライン会議中に
子どもが騒いでいるとき

アウト
これは*ハラスメント!!*

うるさいな、黙らせろよ！

グレーゾーン
要注意！

会議の間だけでも、
静かにお願いできない？

セーフ
トラブル回避のお手本

無理しないで。
何かあったら
席を外して**いい**からね。

136

トラブル回避のポイント

それぞれの事情を汲み
無理難題を押しつけない

コロナ禍では学校や保育施設が臨時休校・休園になることもあり、家にいる幼い子どもの世話をしながらリモートワークを余儀なくされる人も多くいます。

オンライン会議の最中に、赤ちゃんが泣き出したり、子どもが話しかけてきたりといったことはよくあることです。こうした場面では、「無理せず席を外していいからね」というような、思いやりのある声かけを心がけたいもの。それぞれのやむを得ない事情には目をつぶるということを、参加者同士であらかじめ確認しておくことが、リモートハラスメントを生まないための対策になります。

反対に、個人の事情を顧みず、✕のように「黙らせろよ」とか「奥さんに見てもらえよ」「なんとかしろよ」などといった無理難題を押しつけて、相手を責めることはいただけません。業務上不適当であり、ハラスメントに該当します。どうしても伝えるのであれば、△のような「お願い」にとどめるようにしましょう。

こんな言い方も Good!

発言するとき以外は、マイクをオフにしてもいいよ。

Point

子どもだけでなく、ペットの鳴き声を気にかける人にも安心できる声かけです。

⚠ No! ハラスメント Memo

✓ 黙らせることを強要しない

NGワード
✓ 「黙らせろよ」「奥さんに見てもらえよ」

要注意ワード
✓ 「会議の間だけでも、静かにお願いできない？」

CASE 59

職場編
リモート
ワーク

リモートワークに
ストレスを感じる部下を
励ますとき

✕ アウト
これはハラスメント!!

みんなやっているんだ!
甘えたこと言うな!

△ グレーゾーン
要注意!

**ストレスなんて、
みんな感じてるよ。**

◎ セーフ
トラブル回避のお手本

**ストレスを感じる原因に
ついて話を聞かせてくれない？
どうしたらいいか
一緒に考えよう。**

トラブル回避のポイント

ストレスの原因を
一緒に探して解決する

　2020年に私の会社が実施した「テレワークにおけるハラスメントの実態調査」では、「テレワークで上司とのコミュニケーションにストレスや不快感を感じたことがある」と答えた人は約8割にのぼりました。さらに「どのような場面でストレスを感じるか」の質問には、「上司のきつい言葉づかい」や「数分ごとに報告を求められる」などの声が挙がりました。

　このようなリモハラが生まれる背景には、CASE 54 でも指摘した運用ルールの未整備があります。さらに原因のひとつと考えられるのが、「人目」の有無です。人目の多いオフィスに対し、オンラインでは1対1または少人数のため、部下への口調がきつくなりがちなのです。顔を合わせて相談したり、気分転換したりが難しいことも、ストレスに拍車をかけています。

　以上のような背景を理解し、ストレスを「甘え」ととらえることなく、ともに原因を探り、解決策を講じることが上司の務めといえます。

こんな言い方も Good!

何がストレスになっているか、具体的に話せそうかな？

↑
Point

ストレスの原因や、それによって心身にどんな影響が出ているかを詳しく聞くことが大切です。

⚠ No! ハラスメント Memo

- ✔ ストレスは「甘え」というのは誤り
- ✔ NGワード「みんなやっているんだ！甘えたこと言うな」
- ✔ 要注意ワード「ストレスなんて、みんな感じてるよ」「言い出したらキリないよ」

CASE 60

職場編
メール

やる気のない部下をメールで叱咤激励するとき

✕ アウト
これはハラスメント!!

（共有メールで）
やる気がないなら、
会社をやめるべきです。

△ グレーゾーン
要注意！

（共有メールで）みんなやっていることなので、あなたもやる気を出してください。

◎ セーフ
トラブル回避のお手本

（個人メールで）
あなたに**期待している**から、
力を合わせて**乗り切りましょう。**

トラブル回避のポイント

共有メールでの叱責や侮辱的な表現を控える

　部下をやる気にさせるために送ったメールが、損害賠償へと発展した実例を紹介します。「やる気がないなら、会社をやめるべき」とメールで叱責された部下が、発信した上司に損害賠償を求める訴えを起こしたのです。裁判では部下への名誉棄損行為が認められ、5万円の賠償を命じる判決が下されました。

　「会社をやめるべき」という退職勧告にあたる表現は、対面であってもメールであっても許されるものではありません。さらに問題を大きくしているのが、このメールが複数の同僚が目を通す共有メールで送信されたという点です。上司がほかの人にも見られる方法で侮辱的な叱責をしたことが、部下の名誉を著しく傷つける結果となり、業務上許される範囲を超えた不法行為とされました。

　こうした事態を避けるためにも、メールでのやり取りには細心の注意が必要です。△のようにただ「やる気」を求めるよりも、部下の成長に期待を寄せるような指導が望まれます。

こんな言い方も Good!

> この間はありがとう。
> あの資料はよく
> まとまっていました。

Point

人によってはお尻を叩くのではなく、ほめることとセットで指導すると、相手も受け入れやすくなります。

⚠️ **No! ハラスメント Memo**

- ☑ 共有メールでの叱責や人格否定は×
- NGワード
  ☑「やる気がないなら、会社をやめるべき」
- 要注意ワード
  ☑「やる気を出してください」

実録！リアル CASE7 ➡ p.146

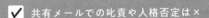

SNS で
連絡をとりたいとき

✕ **アウト**
これは ハラスメント !!

ID 教えろ。連絡したら
すぐ返事するんだぞ。

グレーゾーン
要注意!

うちは SNS でコミュニケー
ションするのが当たり前
だから、よろしく。

◎ **セーフ**
トラブル回避のお手本

もし嫌でなければ、SNS で
連絡してもかまわないかな?
けっして無理にとは
言わないよ。

トラブル回避のポイント

SNSの利用は強制せず
必ず本人に了解を得る

　TwitterやLINEなどのSNSがビジネスシーンでも幅広く利用されるようになっています。便利な一方、SNSの利用を強制する、SNS上で誹謗中傷をするといった嫌がらせ行為も、残念ながら後を絶ちません。SNSをめぐる嫌がらせはソーシャルメディア・ハラスメント（以下、ソーハラ・P231参照）と呼ばれています。

　職場での連絡手段としてSNSを利用する場合、✕のように個人のIDを無理矢理聞き出し、利用を強制することは明らかなソーハラになります。△の「うちでは当たり前」という言い方も直接のソーハラではないにしろ、やや強制力を含む言い方なので注意が必要でしょう。◎のように、まずは本人の了解を得たうえで利用を求めるようにすると無理がありません。

　メールよりラフにやり取りできるところがSNSの魅力です。ゆえに、言葉がきつくなったり、表現が誤解されたりするリスクも高くなります。ソーハラにならないよう、業務にふさわしい使い方を検討することが求められます。

こんな言い方も

うちの会社、SNSで
連絡をとり合うけど
大丈夫？

Point

△と似た言い方ですが、
このように了解を求める
ことが大切です。

⚠ No! ハラスメント Memo

✅ SNSの利用を強制しない

✅ NGワード
「ID教えろ」「すぐに返事するんだぞ」

✅ 要注意ワード
「うちはSNSでコミュニケーションするのが当たり前だから」

個人のSNSを
見るとき／見せるとき

× アウト
これはハラスメント!!

おまえ土日いつも遊んでるな。
だからダメなんだよ。

△ グレーゾーン
要注意!

リクエストするから
承認してくれる？

◎ セーフ
トラブル回避のお手本

（SNSを見ない。
見ても何も言わない。）

トラブル回避のポイント

SNSでの監視はNG
「いいね」も強要しない

　個人のSNSでは、おもにプライベートや趣味の話題が投稿されます。仕事とは関係のない私生活の情報にアクセスすることは、職場の人間として控えるのがマナー。本人の承諾もなくSNSを検索したり、アカウント名を聞き出したりといったことは、業務上相当性がなく、ソーハラとみなされます。

　殊に✕のような発言は、上司がSNSで部下の行動を監視していると宣言するようなもので、パワハラのひとつ「個の侵害」にあたります。さらに、「だからダメなんだ」と人格否定ともとれる発言は100％アウトです。

　あわせて、上司が自分のSNSを部下に強制的に閲覧させることも✕。「"いいね"押せよ」「コメント残せよ」などの強要もいけません。

　それでも部下のSNSを見たいとき、自分のSNSを見てほしいときは、強要にならない言葉を選びましょう。「リクエストするから承認してくれる？」「私のも見てね」程度であれば、強制的な言い方とまではいえません。

こんな言い方も

この間の投稿、
よかったね。

Point

部下にSNSを見てほしいと言われたら、時々チェックし会話のきっかけにするとよいでしょう。

⚠️ No! ハラスメント Memo

✅ SNSで私生活を監視するのは「個の侵害」

✅ NGワード
「おまえ土日いつも遊んでるな」「"いいね"押せよ」

✅ 要注意ワード
「承認してくれる？」「私のも見てね」

リアル
CASE 7
事件名
損害保険会社における
上司からの叱責メール事件

内容

保険会社の所長が部下の課長代理に対して、業務指導のひとつとして叱責メールを送信した。その内容は「意欲がない。やる気がないなら会社をやめるべきだと思います。当 SC にとっても、会社にとっても損失そのものです。あなたの給料で業務職が何人雇えると思いますか。あなたの仕事なら業務職でも数倍の業績をあげていますよ」というもの。同じメールが職場の数十人にも送信されていた。これを課長代理の男性は名誉棄損またはパワハラの違法行為として、慰謝料 100 万円を請求した。

判決

一審ではメールが私的な感情からの嫌がらせではなく、業務指導の一環として認められたため違法性が否定された。二審ではメールの表現が許容範囲を超えるものとされたが、その目的は被害者を叱咤する趣旨であり、上司にパワハラの意図があったとまでは認められず、一部許容として 5 万円の慰謝料の支払いが命じられた。

ハラスメント対策専門家 's eye

この裁判については本書の CASE 60 でも触れています。この項目の✕のメール事例が、まさに訴訟の原因となった内容と同じです。上司には叱咤激励のつもりでも、その表現によって受ける側の印象はいろいろです。

上司と部下のとらえ方にギャップがあれば、そこに「指導」か「パワハラ」か、という評価の違いも生まれます。両者の線引きの難しさを改めて感じさせる判例です。

部下のお尻を叩いて士気を高める上司は今もいるのでしょうが、多数派とは思えません。ましてメールのように対面ではないコミュニケーションにおいては、言葉の選び方や送るタイミング、送信相手の性格などにも十分配慮する必要がありそうです。

Chapter 6

職場 編

部下 から 上司 へ
後輩 から 先輩 へ

逆ハラスメント

この章では、ここまでの優位的な関係が逆転して起きる、いわゆる
「逆ハラスメント」の事例を紹介します。部下から上司へ、後輩から
先輩へという図式の「いじめや嫌がらせ」は増えていて「モンスター
部下」という言葉が生まれたほどです。中でも不都合なことや不快に
感じることを、何でもハラスメントと騒ぎ立てる「ハラスメント・ハ
ラスメント」は、正当な指導とパワハラが混同されて起きるもの。そ
の線引きを明確にし、共有することでトラブルが回避できます。

上司にパソコンの 使い方を聞かれたとき

 アウト
これは <u>ハラスメント</u> !!

こんなことも知らないで、
よく部長やってられますね。

グレーゾーン
要注意!

こんなの簡単ですよ。

セーフ
<u>トラブル回避のお手本</u>

私でわかることでしたら、
お手伝いします。

トラブル回避のポイント

上司に苦手な作業や分野があれば 謙虚な態度で声かけ、助力する

　職場におけるパワハラは「優越的な関係を背景に」「業務上必要かつ相当な範囲をこえて」「職場環境が害される」の3点があって成立します。一般的に上司は部下に対し、優越的な立場にあります。

　ところが今回のケースのように、上司が部下にパソコンの使い方を教えてもらうような場合には、上司と部下の優越的関係は逆転することになります。つまり、部下から上司へパワハラが行われることもあるわけです。このような通常とは逆転した図式は「逆ハラスメント」と呼ばれています。

　✕のように上司がパソコンを使えないことを蔑んだうえ、「よく部長をやっていられる」などと人格否定ともとれる発言をすることは、部下から上司へのパワハラになります。△の言い方はパワハラの心配はありませんが、あまり快く思われない表現ともいえます。

　仕事上の礼儀として、◎のような謙虚な姿勢で手助けを申し出るのが理想です。

 こんな言い方も Good!

> 部長はエクセルを
> お使いになりますか？

↑
Point

「エクセルができますか？」では、エクセルのできない上司は答えにくいものです。しかし、同じ質問でも「エクセルを使うか、使わないか」という問いかけにすれば「できない」ではなく「使わない」と答えられ、上司としての面子も保たれます。

⚠ **No! ハラスメント Memo**

✅ 部下が上司を侮辱するのもパワハラ

NGワード
✅「こんなことも知らずに」「よく部長やってられますね」

要注意ワード
✅「こんなの簡単」

実録！リアル CASE 8 ➡ p.160

忙しいさなかに
上司に仕事を
頼まれたとき

✕ **アウト**
これは ハラスメント !!

（まわりに聞こえるように）
チッ！バカで無能な上司が
いると大変だよ。

△ **グレーゾーン**
要注意!

今、忙しいので
無理です。

◎ **セーフ**
トラブル回避のお手本

今は立て込んでいますが、
後でも大丈夫でしょうか？

トラブル回避のポイント

仕事を断る場合は
状況説明と気づかいを

忙しいときに上司から仕事を頼まれたら、どのように返事をすればよいでしょうか。

上司からの頼まれごとだからといって無理に受ける必要はなく、別の仕事が忙しい場合は、その旨を率直に伝えればよいのです。

とはいえ、△のようにバッサリと断ってしまっては、上司も立つ瀬がありません。今は忙しくても、終わったら対応できることを丁重に伝える◎のような言い方がベスト。相手にも納得してもらいやすいでしょう。

×の「バカで無能な上司」のような発言は、一見あり得ないほど侮辱的に思えますが、上司が部下よりも年下だったり、部下のほうがベテランだったりと、優越的関係が逆転しやすい職場では意外とあるものです。

また、このような暴言が職場の数人の間で、密かに交わされることもよくあります。いずれにしても、こうした発言は上司へのハラスメントにあたりますので、決して口に出すべきではありません。

こんな言い方も Good!

> 今は手一杯です。
> 手が空いたら
> お声がけしますね。

↑
Point

相手の気分を害さない断り方。このようなフレーズをいくつか用意しておくと、いざというときに役立ちます。

⚠ **No! ハラスメント Memo**

✔ 悪態をついたり、無下に断ったりしない

✔ **NGワード**
「バカな上司」「無能な上司」

✔ **要注意ワード**
「無理です」「できません」

実録！リアル CASE 8 → p.160

上司が作成した資料の出来がひどかったとき

✕ **アウト**
これはハラスメント!!

こんな資料じゃ使いものになりません。あなた管理者失格ですよ。

△ **グレーゾーン**
要注意!

こんな内容で本当に大丈夫ですか?

◎ **セーフ**
トラブル回避のお手本

この部分が少し気になるんですが、差し支えなければ少し直してもいいですか?

トラブル回避のポイント

ただ批判するのではなく
丁寧な言葉で指摘を

　上司が作成した資料の出来があまりにひどい場合、波風が立つことをおそれて見て見ぬふりをする人も少なくないと思います。しかし、組織の利益や上司のスキル向上のためにも、適切な言葉で指摘をすることが大切です。

　ただし、×のような「使いものにならない」といった辛辣な言い方は、相手への侮辱にあたるためふさわしくありません。さらに「管理者失格」は相手の人格を否定するハラスメント発言で、こちらも絶対に控えるべきです。

　△の「こんな内容で〜」は、資料の内容への批判であり、相手への攻撃ではないためハラスメントにはあたりません。しかし、上司からすれば、やや失礼な言い方に聞こえるかもしれません。

　ベストな対応は、◎のように自ら修正を買って出ることです。その際「差し支えなければ」などのへりくだったひと言を添えることがポイント。これなら部下からの指摘を、上司に快く受け入れてもらえそうです。

こんな言い方も

> 気になるところが
> あるので、質問して
> もよろしいですか？

Point

ミスを指摘しにくい場合は「質問」として聞くとよいでしょう。

⚠ No! ハラスメント Memo

✓ 人格否定やきつい批判はしない

✓ NGワード
「使いものになりません」「管理者失格です」

✓ 要注意ワード
「こんな内容」「本当に大丈夫ですか」

実録！リアル CASE 8 ➡ p.160

上司にミスを指摘され修正するよう指示されたとき

✕ **アウト**
〜これはハラスメント!!〜

課長、それってパワハラ
ですよ！私を脅すんですか？

▲ **グレーゾーン**
要注意！

これ、課長に
言われたとおりに
やったんですけど。

◎ セーフ
トラブル回避のお手本

申し訳ありません。
わからないところが
あるので教えて
いただけますか？

トラブル回避のポイント

正当な指導とパワハラを
混同するのは NG

社会全体がハラスメントに対して敏感になっている現代では「ハラスメントが気になり、部下に十分な指導を行えない」と悩む上司の声をよく聞きます。

一方で、ことあるごとにハラスメントという言葉をもち出し、上司を攻撃する部下もいます。こうした自分に不都合なこと、不快に感じることを、すぐにハラスメントと言い立てる行為をハラスメント・ハラスメント（P 231参照）と呼びます。

×のケースも、ミスの修正指示に対して過剰に反応しています。また、脅されてもいないのに「脅すんですか？」のひと言は、相手を逆に脅迫しているのも同然です。

自分のミスが明らかであるのなら、◎のように素直に受け入れ、上司の指導のもと改善に努めましょう。

上司の指示どおりにやった結果のミスでも、△のような上司の面子をつぶす言い方は控えめに。

こんな言い方も

失礼しました。
不明点があったら、
また質問しても
よろしいですか？

Point

改善への前向きな姿勢をみせることで、上司からの信頼感が得られます。

> ⚠ No! ハラスメント Memo
>
> ☑ 正当な指導を「パワハラ」と言うことがハラスメント
> ☑ NGワード
>   「それってパワハラですよ！」「私を脅すんですか？」
> ☑ 要注意ワード
>   「言われたとおりにやったんですけど」

上司から誘われた飲み会を断りたいとき

✕ **アウト**
これはハラスメント‼

課長に飲み会を強要された！
これパワハラですよね！

△ **グレーゾーン**
要注意！

それって強制参加ですか？
プライベートの時間を
とられたくないんですけど。

◎ **セーフ**
トラブル回避のお手本

お誘いありがとうございます。
飲み会は苦手なので、
遠慮させてください。

トラブル回避のポイント

「誘い」と「強要」を区別し
角を立てずに断る

　ひと昔前までは、職場の飲み会といえば強制参加が当たり前。とくに「君の歓迎会だから」などと上司から直々に誘われれば、断れないのが実状でした。しかし、ハラスメントへの理解が広がりつつある現在では、飲み会への参加強要はパワハラになる可能性が大です。

　断るのが自由なら、誘うのも自由です。その点をわきまえず、しつこく誘われたわけでもないのに「パワハラだ！」と騒ぎ立てるのはいただけません。単なる「誘い」を「強要」と受け取って過剰反応し、上司を不当に攻撃することはハラスメント・ハラスメントになります。

　だからといって、無理に参加したり、欠席の理由をあれこれ言い訳したりする必要はありません。参加したくない理由を正直に伝えて断ればよいのです。

　△は率直な言い方ではありますが、やや角の立つ表現です。◎のように、まずは誘ってもらったことに感謝し「飲み会が苦手で」と正直に理由を話すとよいでしょう。

こんな言い方も

> あいにく先に予定が入っております。
> また誘ってください。

Point

「今回は参加しないが、今後も誘ってほしい」と思うなら、こんな断り方が◎。

⚠ No! ハラスメント Memo

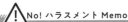

✅ 「誘い」＝「強要」ではないことを理解する

✅ NGワード
「飲み会を強要された！」「パワハラですよね！」

✅ 要注意ワード
「強制参加ですか？」「プライベートの時間をとられたくないんですけど」

妊娠中に
ハードな仕事を
頼まれたとき

✕ **アウト**
これは ハラスメント !!

妊娠中の私にこれをやれと
言うんですか！これって
マタハラですよね？

▲ **グレーゾーン**
要注意!

妊娠中なので無理です。
別の人に頼んでください。

◎ **セーフ**
トラブル回避のお手本

すみません。
お医者さんからあまり
重いものを持たないように
言われていて、その仕事は
難しいと思います。

トラブル回避のポイント

何でも「マタハラ」と言わず
できる範囲で仕事をする

『労働基準法』では、妊娠している従業員の母性保護の観点から、危険で有害な業務への就業制限や、本人の希望によってはより負担の軽い業務への転換などが認められています。この法律に違反することは、妊婦への嫌がらせ行為＝マタハラ（CASE 35 参照）にあたり、処罰の対象となります。

しかし、妊婦といえども、職場と雇用関係を結んでいる以上、業務上必要かつ相当と認められる指示を拒否することはできません。

とりわけ、✕のように何でもマタハラ扱いし、脅すような言い方で上司や同僚に迫るのは、妊婦という立場を悪用したハラスメント・ハラスメント、逆マタハラにほかなりません。

制度を使って当たり前、まわりが気づかってくれて当然、といった態度では周囲の理解は得られません。◎のように、どんな作業がなぜ難しいのか、どの範囲までなら可能なのかを丁寧に伝え、理解を求めましょう。その点で、△の言い方はやや言葉足らずです。

こんな言い方も Good

私一人で難しいときは、ほかの人に手伝ってもらってもいいですか？

Point

「別の人に頼んでほしい」と直接的に表現するよりも、自分も言いやすく、角の立たない言い回しです。

⚠ No! ハラスメント Memo

✅ 何でも「マタハラ」にして業務を拒否するのは✕

NGワード
✅ 「これってマタハラですよね？」

要注意ワード
✅ 「妊娠中なので無理です」「別の人に頼んでください」

ハラスメント訴訟の判例集　FILE 6

リアル
CASE 8
事案名
地方公務員の逆ハラスメント事案

内容

地方公務員の男性が、異動先の部署で周囲から仕事の協力を得られず、深夜までの長時間労働や休日出勤を繰り返した。

さらに、その部署での経験が長い部下から「急に休まないでください」「いいかげんにしろ」などと強い口調でたびたび責められ、その後、この男性はうつ病と診断され、2ヶ月後に自ら命を絶った。

長時間の過重な業務や、部下からの逆パワハラによって発症したうつ病が死に至った原因として、遺族が市に対して約6000万円の損害賠償を求めて提訴した。

経緯

報道によれば、地方公務員災害補償基金は、男性が月100時間を超える時間外勤務や、部下からの罵倒（逆ハラスメント）などを苦にしてうつ病状態になり、自殺に至ったとして「公務災害」と認定した。

なお、当初は「公務外」での事案と決定したが、遺族の不服申し立てによって判断を改め、公務員の労働災害（労災）にあたる「公務災害」とした。（裁判未公開）

ハラスメント対策専門家 's eye

逆ハラスメントが起きやすい状況のひとつに、この事案のように部下のほうがその部署での経験が長い、というものがあります。異動してきたばかりの上司より業務にも精通しているので、職場での立場とは逆の優位な関係が生じるわけです。また、部下のほうが上司よりも年上の場合やキャリアが長い場合にも、こうした逆ハラスメントが起きやすいといわれています。

本書ではCASE63、64、65で、部下からの逆ハラスメントの事例を紹介しています。3つともに×の事例は、上司への暴言、侮辱的な発言になっています。上司と部下といえども、関係の根底にあるのは人と人との結びつきです。お互いの存在を認め合い、節度と配慮のある言動を心がければ、ハラスメントはなくなるのではないでしょうか。

Chapter 1

日常生活編

パートナー
夫婦
親子

　職場のように法的なしばりはありませんが、家庭やプライベートな空間でもハラスメントは起きます。例えば、夫婦間のモラルハラスメントなどは、ここ数年でクローズアップされるようになりました。ここからは恋人や夫婦、親子といった関係の上で起こる、小さなトラブルを紹介します。犯罪や訴訟になるケースも含めて、近しい間柄に支障をきたすような暴言も意外に多いもの。身近な相手を思いやる言動が、よりよいコミュニケーションを保つ潤滑剤になります。

CASE 69

日常生活編
パートナーと

パートナーの失敗に
イライラしたとき

アウト
ハラスメントや犯罪になるかも!!

こんなこともできない
なんて、能なしだね。

グレーゾーン
相手を不快にする・傷つけるかも!?

本当にイライラさせられる！
何をやってんだよ。

セーフ
トラブル回避のお手本

どうした、大丈夫!?
体調でも悪いのかな？

トラブル回避のポイント

感情を吐き出せば暴言にも。
イラッとしたら間をおく

　パートナーがこちらの頼んだことをつい忘れたり、うっかり物を壊してしまったり、日常生活でこうした失敗はよくあるものです。

　その際、つい感情に任せて相手を責めれば、それが✕のような暴言となって、パートナーを傷つけることになります。職場と異なり、日常生活の場では法的に規制のあるハラスメントはありませんが、この事例は態度や言動で相手を苦しめるモラルハラスメント（以下、モラハラ・P 11 参照）に該当します。

　また、相手に対して「能なし」「役立たず」といった発言をすれば、刑法の侮辱罪になる可能性もあります。ちなみに侮辱罪とは「事実を示さないで公然と人を貶（おと）める、侮辱する行為」を問うものです。「公然と」とあるように、お店やホームパーティー、SNS での公開など、あくまで人前での言動が対象になります。

　△も言われた側は不快になるでしょう。ミスは誰にでもあります。◎のようにひと呼吸おいて、いたわりの言葉をかけたいものです。

こんな言い方も Good

ごめん。少し
頭冷やしたいから、
時間をおいていい？

Point

心が鎮まるまで少し時間がほしいことを伝え、その場をしばし離れるのもいいでしょう。ワンクッションおけば、穏やかに話し合えそうです。

⚠ No! ハラスメント Memo

✔ 人前で相手に暴言を吐けば、侮辱罪になることも

✔ NGワード
「能なし」「役立たず」

✔ 要注意ワード
「イライラさせられる」「自分でどうにかしろ」

交際相手を
ほめるとき

アウト
ハラスメントや犯罪になるかも!!

この人ブサイクだけど、
料理はうまいんだよ。

グレーゾーン
相手を不快にする・傷つけるかも!?

彼(彼女)ってルックスは
中の下だけど、料理の腕前は
なかなかでしょう!?

セーフ
トラブル回避のお手本

いつもこうやって、
おいしい料理を作って
くれるんだ。
自慢のパートナーだよ。

トラブル回避のポイント

照れない。茶化さない。
素直に思いの丈を伝える

人前でパートナーをほめるとなると、照れや謙遜から、✕のようにパートナーを卑下する言動をとる人も少なくないでしょう。本人は軽い気持ちでしょうが、「ブス」「ブサイク」「デブ」といった、容貌や身体的な特徴をあげる言葉を伴って相手を傷つけると、侮辱罪に問われる可能性もあります。

また、モラハラにも該当するほか、個人的な特徴を指摘して相手を傷つける、俗にパーソナルハラスメント（P 231 参照）と呼ばれる行為にもあたります。

△はあくまで冗談っぽい言い方ですが、言われた本人や聞いているゲストが不快に感じるかもしれません。できれば避けたほうがいい表現です。

理想は◎のように、人前でもごく自然にパートナーをほめるべきです。謙遜は日本人の美徳でもありますが、素直に気持ちを表現するほうが令和の時代にはふさわしく、二人の信頼関係にもプラスに働くでしょう。

こんな言い方も

（満面の笑みで）
この料理おいしいね！

Point

二人だけなら、率直な気持ちをそのまま言葉にするだけで十分です。

⚠ No! ハラスメント Memo

✓ 身体的な特徴を言葉にするのはNG。侮辱罪になることも

✓ NGワード
「ブサイク」「ブス」

✓ 要注意ワード
「ルックスは中の下」

交際を解消したいと言われたが、別れたくないとき

✕ アウト

ハラスメントや犯罪になるかも!!

絶対に別れない！
それでもダメならSNSに
顔や住所をさらす！

△ グレーゾーン

相手を不快にする・傷つけるかも!?

あなたと別れたら
生きていけない。
死んでやる！

◎ セーフ

トラブル回避のお手本

私は別れたくない。
もう少し話を
させてほしい。

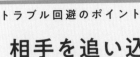

トラブル回避のポイント

相手を追い込むのは逆効果
まずは落ちついて話し合う

×のような事例は近年、リベンジポルノなども含めて、社会的な問題となっています。

こうした暴言は、刑法222条の脅迫罪になる可能性があり「つい感情的になって」では済まされないものです。たとえ本気で実行する気はなくても、相手に与える精神的なダメージは計り知れません。

ちなみに、脅迫罪とは「生命、体、自由、財産などに、危害を加える告知をして、人を脅迫した場合」に問われるもの。相手の社会生活を脅かす、卑劣な言動に科されます。

△の「死んでやる！」のほか「おまえにかけた金を返せ」「別れたらどうなるかわかっているだろうな」といったフレーズも、繰り返せば脅迫罪にあたるでしょう。×と同様に、自分の気持ちの一方的な押しつけは、相手を追いつめるだけです。

できれば◎のように、こちらの気持ちをストレートに伝え、お互いに落ち着いて話ができる状況をつくりたいものです。

こんな言い方も Good

> もう一度チャンスがほしいんだ。

↑
Point

相手を脅すのでも、泣き落とすのでもなく、真摯に心の内を打ち明けるのが一番。

⚠ No! ハラスメント Memo

☑ 強引な気持ちの押しつけは脅迫につながる

NGワード
☑ 「SNSに顔や住所をさらす」

要注意ワード
☑ 「死んでやる！」「金を返せ」

元交際相手と復縁したいとき

✕ アウト

ハラスメントや犯罪になるかも!!

（電話やメールで）
今どこにいるか、わかってるよ。
そこにいるのは誰？

△ グレーゾーン

相手を不快にする・傷つけるかも!?

（電話やメールで矢継ぎ早に）
今どこにいるの？
誰と会ってるの？

◎ セーフ

トラブル回避のお手本

（電話やメールで）
もう一度、
会いたいんだけど……。

トラブル回避のポイント

こちらの気持ちを伝えて
結論は相手にゆだねる

元交際相手に復縁を願うのであれば、まずは◎のように素直な心情を伝えるべきです。そこから先は相手の気持ち次第。お互いの合意があれば話を進めましょう。

相手への想いが募るあまり、✕のように「すべて見ている」「何もかもわかっている」といった、まるで監視しているかのような連絡を繰り返せば『ストーカー規制法』に問われる可能性もあります。行きすぎた愛情表現は、相手を精神的に追いつめ、かえって復縁のチャンスを失うことになるでしょう。

ちなみに、ストーカー規制法では「つきまとい、待ち伏せなどのほか、監視していると告げる行為などを繰り返すストーカー行為者に警告を与えたり、悪質な場合は逮捕する」ことが定められています。

△のように、畳みかけて問い詰める行為は、相手に追い込まれるような重圧を与えます。感情を先走りさせず、あくまでも相手ファーストで接したいものです。

こんな言い方も Good

もう一度やり直したいと思っている。
よければ話をできないかな？

↑
Point

こちらの気持ちを伝え、その後にさりげなく話ができないか、うかがう問いかけを。相手に配慮した、真摯な態度は悪い印象を与えないでしょう。

⚠ No! ハラスメント Memo

☑ つきまといが高じるとストーカー行為に

NGワード
☑ 「どこにいるか、わかってる」「そこにいるのは誰？」

要注意ワード
☑ 「どこにいるの？誰と会ってるの？」

（女性から男性に）
早く結婚して
ほしいとき

アウト
ハラスメントや犯罪になるかも!!

私と結婚しないなら、
会社の人にあなたの
したことをばらすから。

グレーゾーン
相手を不快にする・傷つけるかも!?

私たち結婚するよね？

セーフ
トラブル回避のお手本

そろそろ将来のこと
考えない？

トラブル回避のポイント

ふたりの気持ちが
ひとつになるときを待つ

なかなか結婚できない苛立たしさから、✕のような暴言を口走ることもあるのでしょう。とはいえ、脅すように結婚を迫るのはいただけません。ましてや相手の社会的信用を損なう行為を示唆するなど、厳に慎むべきです。

△のフレーズには「私と結婚する気があるの?」「どうするつもり?」といった、相手を責める気持ちが含まれています。思うように話が進まない焦りやイライラを、そのままパートナーにぶつけているのでしょう。

しかし、相手も結婚に踏み切れない理由や事情があるのかもしれません。感情をぶつけるだけではなく、相手の言い分にも耳を傾ける寛容さがほしいところ。ひとりよがりな態度では、かえって相手の感情を逆なですることもあります。

◎のように二人で考えて答えを出し、その結果、お互いの気持ちがひとつになれば理想的ではないでしょうか。

こんな言い方も Good!

ブライダルフェアのチラシ持ってきたの。一緒に行かない?

Point

チラシを口実にそれとなく、パートナーに結婚を意識させるのも◎。

⚠ No! ハラスメント Memo

✓ 脅したり、相手を責めたりは✕

NGワード
✓ 「結婚しないなら、会社の人にあなたのしたことをばらす」

要注意ワード
✓ 「私たち結婚するよね?」

（男性から女性に）
プロポーズのときに

✕ アウト
ハラスメントや犯罪になるかも!!

結婚してくれないなら、
おまえにかけた金を返して
もらうぞ！

▲ グレーゾーン
相手を不快にする・傷つけるかも!?

ぼくのごはんを
毎日作ってくれないか。

◎ セーフ
トラブル回避のお手本

ぼくと結婚してください。

トラブル回避のポイント

ひとりよがりな気持ちや
価値観を押しつけない

結婚したいという強い気持ちの表れでしょうが、✕の言い方では脅迫ととられても仕方がありません。パートナーとの関係にもマイナスになる表現です。何よりお互いの気持ちを尊重し合わなければ、たとえ結婚しても幸せにはなれないのでは。

△のフレーズは、結婚したら女性は家庭に入るもの、という古い価値観にとらわれています。同様な事例として、女性から男性に対する「結婚したら私を食べさせてね」という言い方も、結婚後は男性が女性を養うもの、という思い込みが言葉に表れたものです。

こうした価値観が当たり前だった頃もありましたが、今や多様性の時代。結婚の形も生活スタイルもさまざまです。一方通行な発言にならないよう、プロポーズしたいものです。

◎のような言い方はオーソドックスですが、余計な主張をさしはさまない分、ストレートに心へ届く力をもっています。

こんな言い方も Good

あなたと残りの人生を一緒に過ごしたい。

↑
Point

何よりも心の声をありのままに表現するのが一番です。

⚠ **No! ハラスメント Memo**

☑ 一方通行の発言や価値観の押しつけは✕

☑ **NGワード**
「おまえにかけた金を返してもらうぞ」

☑ **要注意ワード**
「ぼくのごはんを毎日作ってくれないか」

「……がつらい」と
相談を受けたとき

グレーゾーン
相手を不快にする・傷つけるかも!?

そんなの大したことないよ。
悩むほどのことじゃないよ。

グレーゾーン
相手を不快にする・傷つけるかも!?

なぜ？
どうしてつらいの？

セーフ
トラブル回避のお手本

そうか、それはつらいね。
どうすればいいか、
一緒に考えよう。

トラブル回避のポイント

相手の気持ちに寄り添う 「共感」の姿勢で接する

パートナーの悩みを、△の「大したことないよ〜」では、相手の心の痛みやつらい気持ちを理解せず、認めていないことになります。こうした冷酷な態度や言葉が過剰になれば、モラハラに該当する可能性もあるでしょう。

また「なぜ?どうしてつらいの?」という畳みかける言い方も、まるでパートナーを問い詰めているようです。疑問を繰り返し投げかけると、相手を重圧で苦しめることになるので注意してください。

心ふさぐパートナーに対して「私もそう思う」と無理に「同感」はしなくていいのです。むしろ「それはつらいね」と相手の気持ちを理解しようとする「共感」の姿勢をとりましょう。まず相手の言うことを受け入れ、そのうえで「どうすればいいか、一緒に考えよう」と寄り添う言葉をかけられれば理想的です。

パートナーには安堵感とともに「話してよかった」という満足感も生まれ、それが二人の信頼関係をより確かなものにします。

こんな言い方も Good

> そんなことがあったの……。つらいね。よかったらもう少し聞かせてくれる?

 Point

相手を受け入れて共感し、その後も聞き役に徹することで、相談側は少し心が軽くなるかもしれません。

 No! ハラスメント Memo

✔ 相手の気持ちを理解しようとしない、認めないのは×

✔ 要注意ワード
「そんなの大したことないよ」
「なぜ?どうしてつらいの?」

夫婦で意見が合わないとき

△ グレーゾーン
相手を不快にする・傷つけるかも!?

**なんでこれをわかって
くれないの!? おかしいよ！**

△ グレーゾーン
相手を不快にする・傷つけるかも!?

**私にはぜんぜん
理解できないし、
したくもない！**

◎ セーフ
トラブル回避のお手本

**そういう考え方も
確かにあるね。
私はこう思うけどな。**

価値観の押しつけをやめて
まず相手の価値観を認める

　たとえ夫婦でも育ってきた環境が違うので、お互いがもつ「スタンダード（自分の基準）」は異なります。「自分の基準が当たり前」と思い込むと、相手の無理解にイラッとして、△のような言葉が出てくるのです。

　また、それぞれのスタンダードを認めないことで、△の「私にはぜんぜん理解できない〜」という発言になります。

　夫婦間に限らず「自分の基準＝価値観」を無意識に他人へと押しつけることで生まれた軋轢が、ハラスメントになることもしばしばあります。

　良好なコミュニケーションのためには、一人ひとりが互いの価値観を認めることを意識したいもの。◎のように、まずは相手の言葉を受け止めたうえで、自分の気持を表現しましょう。そうすればたとえ意見が対立しても、相手を尊重しながら言葉のキャッチボールができるはずです。

こんな言い方も Good

> うん、なるほど。
> けれど、私は
> 賛成できないな。
> なぜかといえば……。

Point

反対するときも、相手の言うことをまず受け止め、その後で反対の理由を挙げる。これならお互い冷静に話し合いができるでしょう。

 No! ハラスメント Memo

✅ 自分の価値観が当たり前、と思い込まない

✅ 要注意ワード
「なんでこれをわかってくれないの!? おかしいよ！」
「私にはぜんぜん理解できないし、したくもない！」

こちらの話を遮って
発言されたとき

グレーゾーン
相手を不快にする・傷つけるかも!?

うるさい！
少し黙って聞いてよ。

グレーゾーン
相手を不快にする・傷つけるかも!?

まだ話しているのに。
最後まで聞け！

セーフ
トラブル回避のお手本

（相手の話を最後まで聞いて）
うん、言いたいことは
わかった。私も話の続きが
あるんだけど、いい？

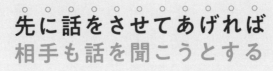

トラブル回避のポイント

先に話をさせてあげれば
相手も話を聞こうとする

1

日常生活編

パートナー

夫婦

親子

発言中に話を遮られたり、質問をさしはさまれたりすると、ついムッとしてしまうものです。ましてや夫婦などの近しい間柄であれば、△の「うるさい！少し黙って聞いてよ。」のように、乱暴な言葉で相手を抑え込もうとすることもあるでしょう。

話の腰を折るのはいただけませんが、それを押さえつけるような言い方をすれば、お互いが感情的になってしまいます。相手にもあえて話を遮った理由があるのかもしれません。その気持ちを汲む意味でも、まずは話を聞く寛容さをもちたいものです。

会話の主導権を渡すことで、相手は心ゆくまで話ができます。相手の気が済んでから、こちらで話を引き取り、◎のように「こちらの話も聞いてくれる？」と問いかければいいでしょう。「自分の話を聞いてくれる人の話は、聞こうとする」（返報性の法則）が人間の心理です。まず相手の話に耳を傾ければ、今度はパートナーが聞き役にまわってくれます。

こんな言い方も Good

（話の途中で
質問をさしはさまれた
ら）うん、うん、なる
ほど。それはね……
ということなんだ。
わかってくれた？

Point

カッとなるのは禁物。相手の話を聞いた後、その問いかけに答え、相手が納得したかまで配慮できれば◎。

⚠ No! ハラスメント Memo

- ☑ 話を遮られても感情的にならない
- ☑ **要注意ワード**
  「うるさい！少し黙って聞いてよ」
  「最後まで黙って聞け！」

忙しそうな姿を見ても、助けてくれないパートナーへ

△ **グレーゾーン**
相手を不快にする・傷つけるかも!?

**少しは手伝ってよ。
私ばかり動いてバカみたい！**

△ **グレーゾーン**
相手を不快にする・傷つけるかも!?

**何も助けてくれないなら、
いないほうがマシだよ。**

◎ **セーフ**
トラブル回避のお手本

**掃除していて
手が離せないから、
ゴミ捨てをお願い！**

トラブル回避のポイント

相手にしてほしいことを 具体的にお願いする

相手に協力を求めるときは、△のように感情のままに責めるのは逆効果。◎のように「何をやってほしいのか」を具体的に伝えましょう。その際、相手が納得して手伝ってくれるよう、DESC（デスク）法で働きかけましょう。

DESC法とは、自分の要望を整理して、わかりやすく相手に伝える方法のこと。「①現状を言う」「②自分の気持ちを伝える」「③具体的にお願いする」「④3が無理なときは代替え案を提案する」という、4つの段階に分けて考えるのが特徴です。

例えば「ゴミ出しを手伝ってほしい」という要望なら、①私が毎日ゴミを出している。②家事が多すぎてきつい。③ゴミ出しを週4日助けてほしい。④それが無理なら週2日だけでも。という伝え方をします。相手が③で断っても、④でハードルを下げておくことで「今度はOKしなくては」という心理が働き、最終的には要望が通ることが多いようです。④でこちらが譲歩するのがカギです。

こんな言い方も Good

> いつもの●●が食べたいな。お店の味に負けない絶品（笑）。片づけでバタバタしてるから、今夜は作ってくれない？

↑
Point

夕食の用意まで手がまわらないとき、料理の腕前をほめて持ち上げ、パートナーのやる気を引き出しましょう。

⚠️ **No! ハラスメント Memo**

✅ 無理強いや相手を責めるだけでは逆効果

要注意ワード
✅ 「少しは手伝ってよ。私ばかり動いてバカみたい！」
「何も助けてくれないなら、いないほうがマシだよ」

帰宅が遅くなることを知らせなかった家族へ

△ **グレーゾーン**
相手を不快にする・傷つけるかも!?

こんな時間まで何してたの？遅くなるなら、電話の一本くらいかけてよ。

△ **グレーゾーン**
相手を不快にする・傷つけるかも!?

どうして出がけに言ってくれなかったの？

◎ **セーフ**
トラブル回避のお手本

帰りが遅いと心配になるから、ひと言連絡がほしかった。次からはお願い。

トラブル回避のポイント

○ ○ ○ ○ ○ ○ ○ ○ ○

なぜ不満なのか理由を伝え 今後の要望も言葉にする

帰宅が遅くなることを知らせないのは、出かける側の配慮不足です。家で待つ側にしてみれば、ひと言「遅くなる」と言ってくれないことへの不満や、自分は軽んじられているかも、というさびしさが、相手を責める言葉になって表われてしまうのでしょう。

しかし、ただ一方的に怒りをぶつけても何も解決しません。△のどちらの言い方も正論ではありますが、「遅くなるときは、連絡するもの・出がけにひと声かけるもの」という思い込みでもあります。

相手にも電話ができない状況や、朝のあわただしさで声をかけ忘れるなど、何らかの事情があったのかもしれません。それを考慮せず、一方的にこちらの理屈を押しつけるのは逆効果です。

今後、相手に行動を改めてもらいたいなら、◎のように不満を感じる理由を具体的に示し、今後の要望も付け加えるといいでしょう。真意が伝われば、相手も納得してくれます。

こんな言い方も **Good!**

食事を一緒にと思って楽しみにしてたんだ。がっかりするから、せめてLINEくらいして。

↑
Point

楽しみにしていたことを伝えれば、相手もすまない気持ちに。落胆を穏やかに伝えましょう。

⚠️ **No! ハラスメント Memo**

 怒りやさびしさを一方的にぶつけない

 要注意ワード
「電話の一本くらいかけてよ」
「どうして出がけに言ってくれなかったの?」

散らかった室内を見て、パートナーに

△ グレーゾーン
相手を不快にする・傷つけるかも!?

いつもリビングが
ホコリっぽいね。
少しは掃除したら！

△ グレーゾーン
相手を不快にする・傷つけるかも!?

君がだらしないから、
家の中が片づかないんだよ。

◎ セーフ
トラブル回避のお手本

片づけておくよ。使ったら
元に戻してね。ところで時間が
とれないワケでもあるの？
このままでは良くないと
思うならこれからのことを
一緒に考えよう。

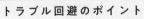

トラブル回避のポイント

片づかない理由を尋ねてともに改善策を考え実践する

片づかない室内を見て感情的になっているのは、発言者の思い込みが原因です。

△の「〜少しは掃除したら！」は、掃除はパートナーがやるもの、と頭から決めつけているため出てくる言葉です。また「君がだらしないから〜」という△の言葉は、パートナーの生活態度が片づかない原因になっている、と勝手に思い込んでいるだけです。

このような偏った見かたで、パートナーを一方的に非難するのはフェアではないでしょう。何か掃除のできない事情や制約があるのかもしれません。率直に片づけができない理由を尋ね、さらに、この状況をどう思っているのか、気持ちを確かめましょう。

相手も状況の改善を望んでいるのであれば、一緒に解決策を見つければいいのです。

「家事は女性がするもの」のような性別での役割分担を超え、掃除を分担するのがベスト。◎のように気づいた人がやる、というフレキシブルさがあればなお良いでしょう。

こんな言い方も Good

疲れていて
大変なんでしょう。
一緒に片づけようか。

Point

パートナーに疲労の色が見えるときは、相手を思いやる言葉をかけ、積極的に手伝う気づかいを見せたいものです。

⚠ No! ハラスメント Memo

✅ 掃除はパートナーのやること、と決めつけない

要注意ワード
✅ 「少しは掃除したら！」
「君がだらしないから、家の中が片づかないんだよ」

学校の成績が下がった子どもに

▲ グレーゾーン
相手を不快にする・傷つけるかも!?

こんな成績とって！
やっぱりできない子だね。

▲ グレーゾーン
相手を不快にする・傷つけるかも!?

何やってるの！
ぜんぜんダメじゃない。

◎ セーフ
トラブル回避のお手本

下がったね、どう思った？

トラブル回避のポイント

子どもの悔しさをバネに やる気を引き出してあげる

ピグマリオン効果という心理学用語があります。「他人から期待されることで、仕事や学習などの能力やパフォーマンスが通常よりも向上する」というものです。

この現象をもとにすれば、△のように「できない子」「ダメな子」と子どもをけなしていると、本当に勉強ができなくなってしまいます。親からすれば子どものお尻を叩いているつもりが、かえって逆効果になるわけです。

成績が下がり、一番悔しいのは子ども自身です。◎のように「どう思う？」と聞いて「悔しかった」「嫌だった」という言葉を引き出しましょう。そのうえで「助けてほしいことがある？」とフォローを申し出れば、子どもは心強く感じるはずです。

さらに「良い成績をとることで、将来どんな良いことが起きるのか」、勉強する意味を言って聞かせるのもいいでしょう。「成績優秀がいいに決まっている」という親の勝手な価値観の押しつけは、子どもには理解できません。

こんな言い方も

> 大丈夫。苦手な科目は
> ママ（パパ）もヘルプ
> するよ！

Point

下がった成績をこれから
どうするか、自分で考え
させることに加え、応援
フレーズで背中を押し、
子どもの不安を軽くする
ことも大切です。

⚠ No! ハラスメント Memo

✅ きつくしかって奮起させるのは逆効果

要注意ワード
✅ 「やっぱりできない子だね」
「ぜんぜんダメじゃない」

片づけをしない
子どもを注意する

▲ グレーゾーン
相手を不快にする・傷つけるかも!?

早く片づけなさい！
そんなだらしなく育てた
覚えはありませんよ。

▲ グレーゾーン
相手を不快にする・傷つけるかも!?

もっと、
ちゃんとしなさい！

◎ セーフ
トラブル回避のお手本

（やさしく）
本を読んだら、こうやって
元の棚に戻してね。

トラブル回避のポイント

○ ○ ○ ○ ○ ○ ○ ○ ○ ○ ○
なぜ整理整頓をするのか
穏やかに具体的に教える

△のふたつの事例は、乱雑な部屋の様子や、それを片づけようとしない子どもに腹を立て、感情のままに怒りをぶつけています。このときポイントとなるのは、片づけをする手本を子どもに見せたことがあるか、ということ。

何も教えずに、できないことをしかっても、子どもは何を注意されているのかわかりません。◎のように、まず親が実践して見せることが大切です。

また「ちゃんとしなさい」「きちんとしなさい」といったあいまいな言葉ではなく、何をどうするのか、具体的にやるべきことを指示してあげましょう。

さらに、整理整頓をしないと「落ち着かないでしょ」「落ちているものでケガをするかも」「モノを踏んで壊してしまうよ」など、片づけをするそもそもの理由を伝えれば、子どもも容易に理解してくれるはずです。そのうえで、その後も片づけないことがあれば、しっかりたしなめればいいのです。

こんな言い方も Good!

> 遊んだ後は片づけを
> しないと、大事な
> モノがなくなるかもよ。

Point

片づけをしないデメリットを具体的に教えてあげることで、子どもは理解しやすくなります。

⚠ No! ハラスメント Memo

✔ 片づけをしたほうがいい理由を、言って聞かせる

要注意ワード
✔ 「だらしなく育てた覚えはありませんよ」
　「もっと、ちゃんとしなさい！」

言うことを聞かない子どもをしかるとき

アウト
ハラスメントや犯罪になるかも!!

どうして言うことが
聞けないの!? あなたなんか
産まなきゃよかった！

アウト
ハラスメントや犯罪になるかも!!

そんなことする子は、
うちの子じゃない！

セーフ
トラブル回避のお手本

（穏やかに）
どうしてやれないの？

トラブル回避のポイント

「産まなきゃよかった」 「うちの子じゃない」は禁句

　親は子どもが言いつけを守らないことが度重なると、きつくしかることで、無理に従わせようとしてしまいがちです。しかし、親の言うことを聞かないのは、何か理由があるのかもしれません。

　◎のようにやさしく尋ねて答えが返ってくれば、それが問題解決の糸口になるでしょう。子どもの言うことをまずじっくりと聞き、そのうえで丁寧に、納得がいくまで話をすればいいのです。

　「産まなきゃよかった」「うちの子じゃない」という２つの✕は、親として口にしてはいけない言葉です。親子なので犯罪にはなりませんが、子どもの心を深く傷つけることは間違いありません。

　ここまでの暴言になると、心理的な虐待になる可能性もあります。それによって子どもの精神が追い詰められれば、親子の信頼関係も崩壊しかねません。親として自身に戒めたいものです。

こんな言い方も Good

> 言うこと聞いて
> くれないとママ（パパ）
> はつらいよ。

↑
Point

親のつらい気持ちを伝えて、子どもの行動改善を促します。しかることとは、まったく違うアプローチになります。

⚠️ No! ハラスメント Memo

✅ 子どもの心を深く傷つける、下の２つのNGワードは親として禁句

✅ NGワード
「産まなきゃよかった」
「うちの子じゃない」

ハラスメント訴訟の判例集　　FILE 7

リアル
CASE 9　　事件名　　**市役所への悪質クレーム事件**

内容

ある男性市民が、市役所に大量の情報開示請求を行ったほか、取得した
職員の経歴をもとに「高卒、大嫌いやねん」「能力がないからやめてしまえ」
などの侮辱的な発言をした。

ほかにも週に2～3回、多いときは1日に連続して5回も市役所へ電話を
かけ、1回あたり数時間近く対応する職員を拘束し、罵倒し続けるなどの
行為を繰り返した。なかには度重なる暴言によって精神的な苦痛を覚え、
体調不良を訴える職員もいた。

市は、この市民に対して職員との交渉の強要や、乱用的な情報開示請求
を行わないようにする仮処分を求めた。仮処分は認められたものの、そ
の後も男性からのクレームがやまなかったので、市は本裁判に訴えた。

判決

裁判所は市の業務を妨害したとして、損害賠償80万円の支払いと、面
談の要求や回答の強要、罵声を浴びせるなどの行為の差し止めを命じた。

ハラスメント対策専門家 's eye

CASE 92 は、カスタマーハラスメント(以下、カスハラ)として典型的
なこの判例を参考にしています。こうした役所のほか、スーパーやアパ
レル、飲食店などの小売業(CASE 93 で紹介)、さらにはカスタマーサポー
トやコールセンターといった業種にまで、カスハラの被害が広がってい
ます。CASE 92 で紹介する厚生労働省の取り組み以外に、2021 年 2 月
には消費者庁が「消費生活相談における相談対応困難者(いわゆるクレー
マー)への対応マニュアル」を作成。この問
題が社会に蔓延し、深刻化していることを表
しています。

Chapter 2

日常生活編

友人
接客
学校
病院

　ここでは、私たちの生活を取り巻く「人・店舗・施設」をテーマに取り上げます。友人とのささいなトラブルは、親しきゆえの配慮に欠けた言動が原因の中心。リスク回避の言い回しを提案します。接客では、顧客から店舗従業員などに対する暴挙が社会問題化している、カスタマーハラスメントに焦点をあてました。さらに、小学校から大学まで、教育の現場で起きるアカデミックハラスメントやスクールハラスメント、医師と患者の確執を生むドクターハラスメントも紹介します。

話題のできごとや流行に関心がない人に

グレーゾーン
相手を不快にする・傷つけるかも!?

あの映画を知らないの!?
そんな人がいるんだ。

グレーゾーン
相手を不快にする・傷つけるかも!?

え!そんなことも
知らないの!

◎ **セーフ**
トラブル回避のお手本

その方面には
関心がないんだね。

トラブル回避のポイント

興味の対象は人それぞれ
勝手な決めつけをしない

友人同士で巷の話題や流行について会話をしているとき、時流に取り残されているような人を冷やかすことはよくあることです。お互いをよく知る間柄であれば、それは何の問題もありません。言われた側も「あなたには関係のないこと、ほっといて」と軽く受け流してくれます。

しかし、場合によっては△の「…そんな人がいるんだ」「え！そんなことも知らないの！」といったひと言に、疎外感を感じたり、恥をかかされた、と思う人がいるかもしれません。

人の興味、関心、趣味、嗜好はさまざまです。流行にうとい人を「おかしい」とか「信じられない」と揶揄するのは、一方的な決めつけです。この事例ではハラスメントといえませんが、相手の心証を悪くし、その後の関係に影響を及ぼすことがあるかもしれません。

◎のように、相手に興味がないとわかったら、余計なことは言わずに話題を切り替えるのが大人のお付き合いです。

こんな言い方も Good!

もし興味が出てきたら言ってください。いつでもレクチャーしますよ（笑）ところで……

Point

相手が関心のない話題は、冗談まじりでサッと切り替え。これなら相手も、知らないことを負担に感じません。

⚠ No! ハラスメント Memo

✔ 誰もが話題の事柄や流行に関心があると決めつけない

✔ 要注意ワード
「そんな人がいるんだ」
「そんなことも知らないの！」

間違った内容の発言に対して

グレーゾーン
相手を不快にする・傷つけるかも!?

（頭ごなしに）**嘘ばっかり！
そんなわけないでしょう！**

グレーゾーン
相手を不快にする・傷つけるかも!?

（薄笑いしながら）**バカなこと
言ってると、人に笑われるよ。**

セーフ
トラブル回避のお手本

**そうだっけ？
それは たしか ●●●
じゃなかった？**

トラブル回避のポイント

最後まで話を聞いてから やんわりと間違いを指摘

発言の内容が間違っているなと感じても、△のように「嘘ばっかり！〜」と頭ごなしに否定するのは失礼です。相手は嘘つき呼ばわりされ、嫌な気分になります。まわりに人がいれば、面目も丸つぶれです。

さらに「バカなこと言ってると、人に笑われるよ」という愚弄したような言い方も、相手は屈辱的に感じるでしょう。そこからお互いが感情的になれば、後々わだかまりが残るようなことになるかもしれません。

私たちは同じ体験をしても、そこから感じるものや、それを表現する言葉も違います。それゆえ、他人の話に違和感を感じることもありますが、ことごとく否定していては会話が成り立ちません。

たとえ相手の話におかしなところがあっても、ひととおり話を聞いてから、◎のようにやんわりと間違いを指摘しましょう。問いかけ調にすることで、相手に反論の余地を与えるとともに、柔らかな言い回しになります。

こんな言い方も

> あ、そうなんだ。
> 私が聞いたところではね……。

↑ Point

自分が聞いた内容と、相手の言っていることが違っても、すぐに異を唱えるのは避けましょう。一度受け止めてから、自分が見聞したことを伝えれば会話がつながっていきます。

⚠ No! ハラスメント Memo

- ✔ 発言の内容を頭ごなしに否定しない

- ✔ 要注意ワード
  「嘘ばっかり！そんなわけないでしょう！」
  「バカなこと言ってると、人に笑われるよ」

病気で入院した友人に

▲ **グレーゾーン**
相手を不快にする・傷つけるかも!?

病は気からだよ！
気力で治さなきゃ。

▲ **グレーゾーン**
相手を不快にする・傷つけるかも!?

この病気には●●●が
効くらしいよ。

◎ **セーフ**
トラブル回避のお手本

何かしてほしいことが
あれば
遠慮なく言ってね。

トラブル回避のポイント

友人を思っての情報提供が
価値観を押しつけることに

　入院した友人の元気がない姿を見れば、思わず△のように「病は気からだよ！〜」と力づけたい人もいるでしょう。しかし、病気で気力も弱っているときに、叱咤激励はかえってつらいものです。

　同様に、友を心配する気持ちから「この病気には●●●が効くらしいよ」と、薬や治療についての情報を教えたり、いろいろなアドバイスをしたりすることもあるでしょう。

　ところが、多くの情報に振り回され、本人や家族が混乱して、心身ともに追い詰められることもあります。これが俗に寄り添いハラスメント（P 231 参照）といわれるものです。良かれと思ってしていることですが、結果的には相手を苦しめることになります。情報提供が価値観の押しつけになり、相手の負担となっていないか、自覚をもちたいものです。

　理想は◎のように、余計なことは言わず、相手の求めることを聞き、必要があれば手を差しのべればいいでしょう。

こんな言い方も Good!

早く元気になってね！
お大事に。

↑
Point

あたり障りのない、ひと言で十分。そのほうが相手も気楽なものです。

⚠️ No! ハラスメント Memo

✓ 病人に力づけや励ましの言葉は酷な場合もある

要注意ワード
✓ 「病は気からだよ！気力で治さなきゃ」
「この病気には●●●が効くらしいよ」「大丈夫、大丈夫」

友人や知人に
愚痴をこぼしたいとき

グレーゾーン

相手を不快にする・傷つけるかも!?

おまえじゃ愚痴を
こぼす甲斐もないけど、
実は……。

グレーゾーン

相手を不快にする・傷つけるかも!?

あなたに言っても
仕方がないけど……。

セーフ

トラブル回避のお手本

つまらない話だけど、
聞いてくれる？

トラブル回避のポイント

軽く見るような物腰は×
謙虚な態度でお願いする

△の2つの事例は、どちらも相手を自分より低く見ていたり、見下しているようなニュアンスがあります。これでは、言われた側は、自分は軽く見られていると不愉快な思いをするでしょう。

人に話を聞いてもらうということは、その間、相手の貴重な時間をいただくことになります。それに対して△のような言い方は、礼を失するものです。◎の「つまらない話だけど、聞いてくれる?」のように、謙虚な姿勢でお願いしましょう。

ちなみに、愚痴をこぼす人が、必ずしも聞く側の意見や提言を求めているとは限りません。アドバイスがほしいのではなく、話すことで思考をめぐらそうとする人もいます。

ですから「愚痴を聞いたら何か言わなければ」と、聞く側が強迫観念にとらわれる必要はありません。聞き手の姿勢としては聞き役に徹し、求められた場合のみ、適切に対応すればいいでしょう。

こんな言い方も

> 10分でいいから、
> 少し愚痴をこぼして
> いい?

Point

とらせる時間を最初に言うことで、相手の心理的な負担が軽くなります。それが短時間であれば、お願いする側も心やすく頼めるでしょう。

⚠ No! ハラスメント Memo

✅ 相手を見下しているようなお願いのやり方は失礼

✅ 要注意ワード
「おまえじゃ愚痴をこぼす甲斐もないけど」
「あなたに言っても仕方がないけど」

年齢よりも若く見える人に

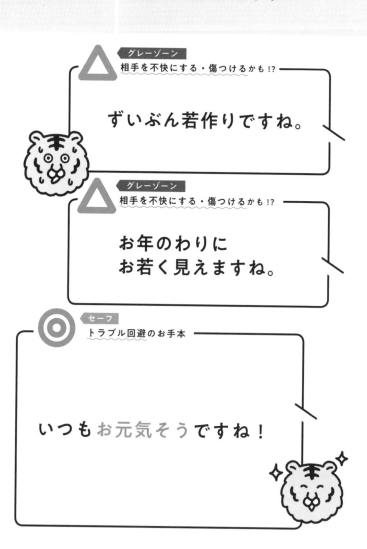

グレーゾーン
相手を不快にする・傷つけるかも!?

ずいぶん若作りですね。

グレーゾーン
相手を不快にする・傷つけるかも!?

お年のわりにお若く見えますね。

セーフ
トラブル回避のお手本

いつもお元気そうですね！

トラブル回避のポイント

見た目の若さよりも 健康そうな様子をほめる

年上の友人やご近所の高齢者などに対して、△の「ずいぶん若作りですね」は失礼な口の利き方です。若作りとは、年齢よりも若く見えるように装うこと。言葉をかけられた人は「年甲斐もなくそんな格好をして」と冷やかされているか、非難されているように感じるかもしれません。

また「お年のわりにお若く見えますね」も、一見ほめているようですが要注意な表現です。言い換えると「その年にしては比較的若い」ということですが、見た目が若いという判断は、発言者による勝手な決めつけです。こうした一方的な価値観の押しつけに、人によっては不愉快さを感じるかもしれません。

感じよく言葉をかけるなら、◎の「いつもお元気そうですね」が無難。あえて見た目の若さや年齢の話題を避け、健康そうな様子をほめればいいでしょう。このほか「いつもハツラツとされてますね」なども好印象の言葉です。

こんな言い方も Good!

お年を聞いて
びっくりしました!

Point

ややオーバーな表現になるかもしれませんが、見た目と実年齢のギャップに対して、心からの驚きをストレートに表してもいいでしょう。

⚠ No! ハラスメント Memo

✓ 見た目の若さをほめるときは表現に注意

✓ 要注意ワード
「ずいぶん若作りですね」「お年のわりにお若く見えますね」
「お年にしてはお若く見えますね」

趣味の話を
しているとき

△ グレーゾーン
相手を不快にする・傷つけるかも !?

悠々と絵画三昧ですか。
ゆとりのある人は違うな～。

△ グレーゾーン
相手を不快にする・傷つけるかも !?

乗馬なんてセレブのやる
ものだと思っていたよ。

◎ セーフ
トラブル回避のお手本

聞いたところ
俳句を詠まれるとか。
素敵な趣味を
おもちですね。

トラブル回避のポイント

人の趣味はほめる、
持ち上げるが鉄則

　友人や知人同士、互いの趣味の話題で盛り上がることもあるでしょう。△の「悠々と絵画三昧ですか。ゆとりのある人は違うな〜」は、最後の余計なひと言が嫌味にも、冷やかしにもとれ、聞く人は不快に思います。「素敵な趣味ですね」と、ほめて締めくくるのが大人の流儀です。

　また「乗馬なんてセレブの〜」という△の事例も、言われた側が思わずムッとする言い回しです。発言者は「乗馬＝お金持ちの趣味」という勝手な思い込みを言葉にしただけで、悪意はないのかもしれません。しかし、聞き手は「（だから）お金持ちではないあなたには似合わない・やるべきではない」というニュアンスを感じ取ってしまいます。

　趣味嗜好はプライバシーの領域に入るもの。それゆえ、からかったり、不釣り合いを指摘されたりすれば、不愉快な思いが増幅します。◎のように相手を持ち上げておくのが、和やかにお付き合いを続ける秘訣です。

こんな言い方も Good!

無粋な私でも
素晴らしいと
思います。

Point

絵画や書道、生け花や陶芸などの作品に対してのひと言。門外漢の自分でも良さがわかるほど、と謙遜してほめる姿勢が好印象を与えます。

⚠ No! ハラスメント Memo

✓ 他人の趣味に横槍を入れない

✓ 要注意ワード
「ゆとりのある人は違うな〜」
「乗馬なんてセレブのやるものだと思っていたよ」

恋愛相談を
されたとき

▲ グレーゾーン
相手を不快にする・傷つけるかも!?

**その年で一度も付き合ったこと
ないの!? 人間性に問題が
あるんじゃない？**

▲ グレーゾーン
相手を不快にする・傷つけるかも!?

**髪形や服装を●●●にすれば、
絶対にモテると思うよ。**

◎ セーフ
トラブル回避のお手本

**そうなんだ。
何か私にできること
あるかな？**

トラブル回避のポイント

誰もが恋愛をするもの、
という思い込みをはずす

恋愛に対する価値観は人それぞれです。

△の「その年で一度も〜」は、「ある程度の年齢になれば、誰もが恋愛を経験するもの」という勝手な思い込みによる言葉です。人格否定とまではいきませんが、このひと言にひどく心を痛める人もいるでしょう。

このような恋愛に関する話題で、相手に不快な思いをさせる行為を、俗にラブハラスメント（P 231 参照）と呼びます。「彼氏（彼女）いないの？」など、何気ない言葉が相手を傷つける場合もあるので、恋愛話ではプライバシーに配慮したやりとりが必要です。

また、△の「髪形や服装を〜」は、価値観の押しつけにならないか注意しましょう。相談されてアドバイスをするのはいいのですが、強引すぎると相手も窮屈になります。

相談された側は、相手は雑談なのか、誰かを紹介してほしいのか、望んでいることを◎のように、さりげなく聞くスタンスをとりたいものです。

こんな言い方も

> 誰かいい人がいたら
> 紹介しても
> いいのかな？

↑
Point

「いい人がいたら紹介するね」でもかまいませんが、まず相手の気持ちを確かめて、押しつけにならないようにします。

⚠ No! ハラスメント Memo

✅ 協力できることがあるか、率直に聞く

✅ 要注意ワード
「その年で一度も付き合ったことないの!?」
「髪形や服装を●●●にすれば、絶対にモテると思うよ」

知人との会食で
タバコが吸いたいとき

△ グレーゾーン
相手を不快にする・傷つけるかも!?

（喫煙席で）**ちょっと失礼。**
（と言って勝手に吸い始める）

△ グレーゾーン
相手を不快にする・傷つけるかも!?

（灰皿があるのを見て）
ここは大丈夫だな。
（とまわりに黙って吸い始める）

◎ セーフ
トラブル回避のお手本

（お店の人に）
**喫煙室（席）は
ありますか？**

208

トラブル回避のポイント

店内の客へも配慮して
喫煙は専用スペースで

友人や知人との飲み会でタバコが吸いたくなったときは、◎のように喫煙室や喫煙席の有無を確認しましょう。『改正健康増進法』により、2020年4月からは「屋内の原則禁煙」が施行されました。これにより、飲食店でも小規模な一部の店を除いて、タバコが吸えるのは喫煙スペースに限られます。

職場内でも受動喫煙などによる健康被害が「スモークハラスメント」として大きく取り上げられ、裁判によって和解金が支払われた例もあります。こうした流れを見ても、今後ますますスモーカーは、マナーをしっかり守っていかなければならないようです。

△のように、喫煙席とはいえ勝手にタバコを吸い始めたり、まわりに黙って喫煙したりするのはマナー違反であり、非常識な行いといえるでしょう。店内には家族連れや嫌煙家がいる場合もあります。まずは周囲の状況を確認し、自粛するか、専用スペースに行くか、配慮ある行動をとりたいものです。

こんな言い方も Good

> ちょっと私事で
> 失礼します（笑）。

Point

あえて喫煙室に行くと言わなくても、これだけでわかる人にはわかるもの。場の雰囲気を壊さないよう、ジョークまじりで席をはずしましょう。

⚠ No! ハラスメント Memo

✔ 屋内の喫煙は専用スペースで

✔ 要注意ワード
「ちょっと失礼（と言って勝手に吸い始める）」
「ここは大丈夫だな（とまわりに黙って吸い始める）」

役所に問い合わせを するとき

グレーゾーン
相手を不快にする・傷つけるかも!?

（同じことを何度も、長時間にわたり電話で）

●●について 聞きたいんだけど。

グレーゾーン
相手を不快にする・傷つけるかも!?

●●について、家に来て 説明してくれ。こっちは税金 払ってるんだから当たり前だろ。

セーフ
トラブル回避のお手本

●●について 聞きたいのですが、 今、よろしいですか？

トラブル回避のポイント

お客様は神様ではない。
相手の事情も汲んで接する

初めの△のように、しつこい問い合わせで応対する相手の時間を奪うことは、明らかな嫌がらせ行為といえるでしょう。

こうした顧客などによる悪質なクレームや暴言、不当な要求などの迷惑行為を<mark>カスタマーハラスメント</mark>といいます。<mark>社会問題化するほど増加傾向にあり</mark>、厚生労働省も「顧客等からの著しい迷惑行為」に対して「雇用管理上の配慮として事業主が行うことが望ましい取り組み」として対策にのり出しています。

ここでは役所の事例を紹介しましたが、小売店で顧客が従業員のささいなミスに対して土下座をさせた、という例もあります。

△の「〜家に来て説明してくれ」という要求も、度が過ぎたものといえます。このような暴言や過度な要求を執拗に繰り返すと、<mark>業務妨害の罪に問われる</mark>こともあります。

行政の利用者も、店の顧客も神様ではありません。対等な目線で、相手の立場や事情も汲んだ行動を心がけたいものです。

こんな言い方も Good!

恐れ入ります。●●についてわからないことがあるのですが、こちらで教えていただけますか？

Point

業務中の相手に配慮しつつ、手短に用件を伝えるのがベスト。

⚠️ **No! ハラスメント Memo**

✅ 執拗なクレームや嫌がらせ行為は業務妨害に問われることも

✅ **要注意ワード**
「(執拗に) ●●について聞きたいんだけど」
「●●について、家に来て説明してくれ」

実録！リアル CASE9 → p.192

211

注文した料理の味が気にいらないとき

グレーゾーン
相手を不快にする・傷つけるかも !?

この味は好みじゃないから返金しろ！

グレーゾーン
相手を不快にする・傷つけるかも !?

料理の味がいまひとつなので、作り直してもらえますか？

セーフ
トラブル回避のお手本

（ひと口、箸をつけて）
すみません、お会計をお願いします。

トラブル回避のポイント

味の好みは個人的な尺度
それを理由に不当要求は×

法律に基づけば、店で料理を注文すると、飲食店と顧客との間に契約が生じたことになります。料理が注文どおり完成し、それを食べれば契約が満了されます。

そこから考えると、△の「この味は好みじゃないから返金しろ！」や「料理の味がいまひとつなので〜」は、すでに料理に口をつけ、契約が満了した段階です。味の好みを理由に、返金や作り直しを命じるのは、顧客側の契約違反となります。理不尽な要求を取り下げなければ、無銭飲食や脅迫、業務妨害などに問われる場合もあります。

ただし、アレルギーのある食材を抜いたり、子ども用に香辛料を控えるなど、注文時に要求したことが守られていない場合は、お店側の落ち度なので作り直しなどを要求してもいいでしょう。

「好みの味ではないな」と思っても口には出さず、◎のようにごく普通の応対をしてお店を出るのが大人のマナーでしょう。

こんな言い方も Good!

> 残してごめんなさい。たまたま私の口には合わなかったようで……。

↑
Point

味が悪いのではなく、自分の好みに合わなかっただけと配慮を示せば、お店にも失礼になりません。

⚠ No! ハラスメント Memo

✓ 味の好みでの返金要求は、脅迫や業務妨害になる可能性も

✓ 要注意ワード
「この味は好みじゃないから返金しろ！」
「料理の味がいまひとつなので、作り直してもらえますか？」

実録！リアル CASE9 ➡ p.192

大学で、ある学生の言動が気に障るとき

△ ▌グレーゾーン
相手を不快にする・傷つけるかも!?

君は普段から問題発言が多いね。私に文句でもあるのか？

△ ▌グレーゾーン
相手を不快にする・傷つけるかも!?

教師に向かってなんだその言い方は！口をつつしめ！

◎ ▌セーフ
トラブル回避のお手本

そういう言い方をされると、私は嫌な思いをするので、やめてください。

トラブル回避のポイント

ハラスメントが疑われたら
学内の相談窓口へ

　大学などの学術機関は、比較的ハラスメントが起こりやすい条件を備えています。というのも、病院などと同じようにヒエラルキー（階層制）がはっきりしていて、教授を頂点としたパワーバランスが明確だからです。その序列の中で、最も立場の弱いのが学生や大学院生たちです。

　△の２つの事例のように、教授などが威圧的な言葉を発しただけではハラスメントにはなりません。しかし「単位をやらないぞ」などのひと言が加わると、優越的な立場を利用した脅迫ととられアカデミックハラスメント（以下、アカハラ・P 231 参照）になります。アカハラとは、大学内などの優位な立場を利用した、権力の濫用、教員や学生に不利益を与える行為です。

　CASE 94 から CASE 97 まではおもに学校でのハラスメントについて、実状の一例を紹介しています。ちなみに、ハラスメントかな？と感じた場合は、学内の相談窓口へ。

こんな言い方も

授業の進め方や
私に何か不満でも
ありますか？遠慮なく
言ってください。

↑
Point

問題行動の多い学生にも
感情的にならず、何か不
満があるのか、冷静に問
いかけるのが教師のある
べき姿です。

No! ハラスメント Memo

☑ 「単位をやらない」のひと言でアカデミックハラスメントに

☑ 要注意ワード
「私に文句でもあるのか？」
「なんだその言い方は！口をつつしめ！」

教え子（大学生）と 親睦を深めたいとき

グレーゾーン
相手を不快にする・傷つけるかも⁉

Facebook の
承認してよ！

グレーゾーン
相手を不快にする・傷つけるかも⁉

LINE のアカウント
教えてくれない？

セーフ
トラブル回避のお手本

オンラインで●●について、
みんなでディスカッション
しよう！

トラブル回避のポイント

○ ○ ○ ○ ○ ○ ○
ほどよい距離感と
緊張感をもった関係に

　教員が学生との親睦を深める際は、若者たちの精神的な負担にならないよう配慮が必要です。

　学内の立場で優位性のある教員から、△のように言われれば、学生としては断りにくいもの。そのつもりはなくても、半強制のような形になるからです。

　このように優越的な立場から、相手が拒否しにくいことを要求すれば、アカハラやパワハラにあたる可能性も出てきます。

　LINE も複数の目があるグループ LINE はいいですが、個人間でのやりとりは避けましょう。もし、そこで性的な発言があればセクハラとなり、組織によっては懲戒の対象になることもあるからです。

　◎は今どきのコミュニケーションツールを活用したグッドアイデア。新しい親睦のスタイルになるかもしれません。いずれにせよ、教員と学生の間には、つねに適度な距離感と緊張感が求められるようです。

こんな言い方も

> 何かあったらいつでも相談にのるから。遠慮なく声をかけて!

↑
Point

オンラインの授業も増えているなか、声をかける機会も減りがち。気軽にコミュニケーションがとれるように呼びかけるのもいいでしょう。

No! ハラスメント Memo

☑ つねに一線を引いた間柄で。教員の優位な立場を利用しない

☑ 要注意ワード
「フェイスブック承認してよ!」
「LINE のアカウント教えてくれない?」

学校で生徒が宿題を してこなかったとき

グレーゾーン
相手を不快にする・傷つけるかも!?

（どなるように）
どうして宿題をして こないの!?

グレーゾーン
相手を不快にする・傷つけるかも!?

（みんなに聞こえるように）
●●さんは宿題を してきませんでした。

セーフ
トラブル回避のお手本

宿題ができなかった ワケがあるの？

トラブル回避のポイント

感情的にしからず
できない事情があるか確認

宿題をしてこなかった生徒を、△のように大声で脅すような行為や、ほかの生徒の前で恥をかかせるようなやり方はいただけません。こうした指導方法が子どもの成長につながるとは思えず、ただ嫌な記憶ばかりが残るのではないでしょうか。

この2つの事例はハラスメントとはいえませんが、さらに言葉の暴力がエスカレートすると、俗に**スクールハラスメント**と呼ばれるものにつながる可能性があります。

スクールハラスメントとは、おもに小・中学校、高等学校の現場で行われる、先生から児童・生徒へのパワハラやセクハラなどです。教職員同士や部活動の指導者と生徒といったケースも見られます。

なかにはハラスメントによるショックで不登校になったり、転校を余儀なくされたりした例も。学校、教職員、保護者が連携し、心ない大人の理不尽な言動から、子どもたちを守る対策が求められています。

こんな言い方も

> 今日の宿題とあわせて、明日提出しなさい。

Point

宿題をやってこなかったことを責めるより、本人の力で完遂させることが大切です。

No! ハラスメント Memo

✓ 厳しい指導をはき違えた、スクールハラスメントに注意

✓ 要注意ワード
「(どなるように) どうして宿題をしてこないの!?」
「(みんなに聞こえるように) ●●さんは宿題をしてきませんでした」

子どもの学校のルールに疑問を感じたとき

▲ グレーゾーン
相手を不快にする・傷つけるかも!?

こんなルールは変です。
今すぐ変えてください！

▲ グレーゾーン
相手を不快にする・傷つけるかも!?

このルールはブラックです。
時代錯誤も甚だしいですよ。

◎ セーフ
トラブル回避のお手本

教えていただきたいのですが、
このルールは何のために
あるのでしょうか？

トラブル回避のポイント

先生との対立を避けるため
抗議はほどほどに

　スクールハラスメントのひとつとして、保護者から先生（学校側）へのハラスメントもあります。なかには子どもへの指導をいじめと決めつけ、当事者の先生に暴言を吐いたり、不当な要求をした例もあります。

　△の２つの事例はどちらもハラスメントとはいえません。学校のルールが現場の実情や時代にそぐわないので、一部変更してほしいという要求は正当なものです。

　しかし、強硬な態度で詰め寄るだけでは、相手に重圧や不快感を与えかねません。これから先生（学校側）と話し合いを進めるうえでも、もう少し柔軟な姿勢や物腰が必要です。まずは◎のように、どういう理由でこうしたルールがあるのか、冷静に聞いてみることから始めましょう。さらに、対立やトラブルを回避する意味でも、ルールの改善策を先生と保護者会などで検討し、学校側に提案する方法なども考えられます（右上の「こんな言い方も Good!」も参照）。

こんな言い方も

改善してほしいルールについて、保護者の有志でアンケートを行いました。
一度、目を通していただけませんか？

Point

アンケートによって学校側と保護者との意識のギャップを明らかにし、学校側に改善を促す積極的な手段もあります。

No! ハラスメント Memo

✓ 強硬な要求の度が過ぎれば、スクールハラスメントになる可能性も

✓ 要注意ワード
「こんなルールは変です。今すぐ変えてください！」
「このルールはブラックです。時代錯誤も甚だしいですよ」

ドクターハラスメントを受けたとき

 グレーゾーン
相手を不快にする・傷つけるかも!?

（ロクに話も聞かない医者に）
人の話も聞かないで！
訴えますよ。

グレーゾーン
相手を不快にする・傷つけるかも!?

（何の説明もない先生に）
医者なんだから患者が
納得いくように説明しろ！

 セーフ
トラブル回避のお手本

どうしてこうなったのですか？
今後、どういう治療をして
治すのですか？

トラブル回避のポイント

医者に過度な遠慮はしない
冷静に穏やかに応対する

ドクターハラスメント（以下、ドクハラ・P231参照）とは、病院など診療・診察の場で、医師が患者を傷つけるような言動をとることです。

医者は患者に対して優位な立場になることが多いうえ、診察室などの閉鎖空間で診療が行われるため、パワハラに似た関係ができやすくなります。なかには医師の暴言から民事訴訟となり、損害賠償請求が認められた例もあります。

△のような「ロクに話も聞かない」「何の説明もしない」医師に対しては、患者としての不満や主張を口にしてもかまいません。ただし、言い方次第ではコミュニケーションに齟齬をきたします。脅すような口ぶりや、高圧的な言動は控えたいものです。

◎のように、あくまで冷静に問いかけましょう。医師への過度な遠慮はいりませんが、患者としての礼儀もわきまえつつ、納得のいくまで話し合えばいいのです。

こんな言い方も

> 念のため、ほかの病院でセカンドオピニオンを受けてもよろしいですか？

↑
Point

医師からの説明に納得がいかない場合や、繰り返し聞いても十分な説明がなされない場合は、心証を害さないように「念のため」と前置きし、セカンドオピニオンを申し出る選択もあります。

 No! ハラスメント Memo

✓ 医者の対応が不満でも感情的にならない

✓ 要注意ワード
「人の話も聞かないで！訴えますよ」
「医者なんだから患者が納得いくように説明しろ」

医師や看護師に
お願いがあるとき

グレーゾーン
相手を不快にする・傷つけるかも!?

だまって患者の
言うとおりにしろ！

グレーゾーン
相手を不快にする・傷つけるかも!?

こっちはお金を払って
いますから、希望どおりに
してください！

セーフ
トラブル回避のお手本

いつもお世話になります。
こういう希望があるのですが、
お願いできますか？

トラブル回避のポイント

対等な目線に立って
自然体の付き合いを

医師や看護師に治療法や看護の仕方などでお願いのあるときは、◎のように、丁重に申し出るのが礼儀です。△の「…患者の言うとおりにしろ！」「こっちはお金を払っていますから…」といった上から目線の言い方では、ハラスメントとはいえませんが、良い関係を築くのは難しいでしょう。

患者からの暴言も度を超すとパワハラとなり、前出のカスタマーハラスメント（CASE 92 参照）にも該当します。日本看護協会が 2017 年に行った「看護職員実態調査」では、看護師が勤務先や訪問先で受けたパワハラ（身体的な攻撃）とセクハラ（意に反する性的な言動）は、患者からの被害が大多数を占め、医療現場でのカスハラがレアなケースではないことを示しています。

本来、医療従事者と患者との間に上下関係はありません。お互いに対等な目線で自然体の付き合いができれば、こうしたトラブルも抑えられるのではないでしょうか。

こんな言い方も

先生、●●●という治療法があると聞いたのですが、私の体には合わないでしょうか？

Point

新しい治療法を耳にして、興味があるときはこんな聞き方も。いきなり「試してみたい」ではなく、医師への配慮も含めて、まず専門家の意見や判断を仰ぐのがベターです。

⚠️ No! ハラスメント Memo

✔️ 命令調のお願いでは、相手を不快にするだけ

✔️ 要注意ワード
「だまって患者の言うとおりにしろ！」
「こっちはお金を払っていますから」

新型コロナウイルス感染症にかかり、療養後に出社した人がいるとき

△ グレーゾーン
相手を不快にする・傷つけるかも!?

本当に陰性だったの？

△ グレーゾーン
相手を不快にする・傷つけるかも!?

エーッ、出社していいの？もっと休んだほうがいいんじゃない!?

◎ セーフ
トラブル回避のお手本

大変だったね。
病み上がりだから
無理しないでね。

トラブル回避のポイント

お互い様の気持ちで
相手を思いやる

2つの△の事例は、新型コロナウイルス感染症（以下、コロナ）にかかった人を敬遠するような言い回しです。治療をして万全な体調の人にとっては、不快感や疎外感とともに、心の痛みを感じるひと言になります。

こうした元コロナ患者や感染者、コロナが疑われる人に対して、差別的な言動をすることを俗にコロナハラスメント（以下、コロハラ・P9参照）といいます。風邪のような症状で会社を休んだ人に対して、出社後は露骨に避けるような様子を見せたり、心ない言葉をかけたりする人もいるとか。

人は欲求不満の状態が続くと攻撃的になるそうです。コロナ禍で長く我慢をしてきた反動が怒りとなり、その矛先をコロナが疑われる人間に向けてしまうことがコロハラの背景にある、と指摘する専門家もいます。

疑心暗鬼で相手を遠ざけたり、責めたりするのではなく、お互い様の気持ちで思いやることが、コロハラを失くす唯一の手段です。

こんな言い方も Good!

> みんなもナーバスになっているんだ。今の体調はどう？よかったら教えてくれる？

Point

まわりが不安に思う状況を伝え、体の状態をさりげなく聞いてみましょう。相手も体調が良好なことをアピールしたいと思っていれば、いい機会になります。

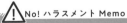
No! ハラスメント Memo

☑ 疑いや非難が相手を傷つけ、お互いの関係も悪化させる

☑ **要注意ワード**
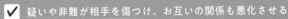
「本当に陰性だったの？」
「出かけていいの？もっと休んだほうがいいんじゃない!?」

現状を知る➡対策をとる➡対処する

ハラスメントに備える
実用ノウハウ
know-how

　ハラスメントは今、どの職場でも起こり得る問題となり、早急な対策が欠かせません。そこでここからは、ハラスメント対策の講習でも生かされている「実用的+すぐに実行できる」ノウハウを紹介します。

〈ハラスメントの現状を知る〉
今、日本の職場で起きていること

他人事ではすまされない身近な問題

厚生労働省が全国の20〜64歳の男女労働者8000人を対象に行った調査では、過去3年間におよそ3人に1人がパワハラを、10人に1人がセクハラの被害を受けていました。こうしたリアルな数字は、この問題が誰にとっても他人事ではないことを教えてくれます。

▶ **パワハラ、セクハラ経験の有無**

　過去3年間に**パワハラ**を受けた人 ···· 31.4%
　過去3年間に**セクハラ**を受けた人 ···· 10.2%

出典
※令和2年度 厚生労働省委託事業
「職場のハラスメントに関する実態調査」

▶ **受けたパワハラの内容で多いのは**
　　① 精神的な攻撃 ···· 49.4%
　　② 過大な要求 ······ 33.3%

▶ **受けたセクハラの内容で多いのは**
　　① 性的な冗談やからかい ···· 49.8%
　　② 不必要な身体への接触 ······ 22.7%

▶ **パワハラ、セクハラの行為者**
　・上司（役員以外）············ パワハラ 67.9% ／ セクハラ 55.2%
　・会社の幹部（役員）········ パワハラ 24.7% ／ セクハラ 21.6%
　・同 僚···················· パワハラ 18.5% ／ セクハラ 21.0%

職場で起きやすい「パワハラ」と「セクハラ」

前ページの調査結果にもありましたが、パワハラとセクハラは職場での被害が
とくに目立ちます。そのため一般的によく知られていますが、定義や具体的な
内容まで理解している人は多くないでしょう。正しい知識を身につけること
は、予防対策としても大きな意義があります。

▶ パワーハラスメント（パワハラ）とは

パワハラとは職場において暴力や暴言など、相手に精神的・身体的な苦痛
を与える行為などをさします。下の定義にある「優越的な関係」とは「上司
→部下」のような上下関係に限らず、業務上の知識や経験の差などから生
まれる一方が優位な関係も。「同僚→同僚」「部下→上司」というケースもあ
ります。

▶ パワハラの定義

パワハラとは下の3つの要素を
すべて満たす言動です。

1 優越的な関係を
　　 背景とした言動。

2 業務上必要かつ相当な
　　 範囲を超えたもの。

3 労働者の就業環境が
　　 害されるもの。

▶ パワハラ予防のワンポイント

「指導」と「パワハラ」を分ける
チェックポイント

― ・相手の人格を否定
　　 していないか？

― ・必要で相当な指導方法を
　　 とっているか？

> 自分の行為が「指導」なのか
> 「パワハラ」なのか、
> 自信がないときはこの2点を自問する

パワハラをする
可能性がある人の特徴

あなたの言動を振り返り、
チェックしてみましょう。
1つでもあてはまるものが
あれば要注意です。

☑ 人の話を最後まで聞かず、
　 自分の意見ばかり押しつける

☑ 失敗を絶対に許さない。
　 失敗の許容範囲がせまい

☑ 自分を強く見せたい

☑ 支配欲が強い

☑ 嫉妬心が強い

☑ 他人を尊重しない

☑ 素直ではない

➡ P230 へ続く

▶ **セクシュアルハラスメント（セクハラ）とは**

セクハラとは、相手が不快に思う性的な言動により、相手に不利益を与えたり、働きづらくさせたりすることです。具体的には下の図のような行為があげられます。なお「男性から女性へ」のほか「女性から男性へ」「女（男）性から女（男）性へ」といった場合も対象になります。また、LGBT に対する性的な言動も該当します。

▶ **セクハラとなる具体的な行為**

**性的な関係を
強要する**

**身体への接触、
わいせつな
言葉を発する**

**性的に
不快な環境を
つくり出す**

（水着姿の写真を職場の
壁に貼る、など）

▶ **セクハラ予防のワンポイント**

「セクハラをしない、疑われない」ためのチェックポイント

・身体への接触をしていないか？

・性的な発言をしていないか？

・個人的な内容の質問をしていないか？

・性別での評価・判断をしていないか？

など

部下とのコミュニケーションにおいての心がけ

・雑談や SNS、メールの表現**に気をつける**

・飲み会は 3 人以上**で行く。強要しない**

大企業は 2020 年 6 月から、中小企業は 2022 年 4 月から『労働施策総合推進法（通称・パワハラ防止法）』が施行され、パワハラやセクハラ防止のための取り組みが、社会的な流れとなって加速しています。

次々と生まれるハラスメント

職場で、生活のシーンで、新しいハラスメントが次々に生まれているのも現状のひとつ。ここでは本書で取り上げたものを中心に、ある程度その名が定着しているハラスメントを紹介します。（　）の中は略称です。

▶ いろいろなハラスメント

ジェンダー ハラスメント
→CASE 3 参照

一般的な「男らしさ・女らしさ」にふさわしい行動や態度の強要。逆にそぐわないことを非難する言動のこと。

エイジハラスメント
（エイハラ）
→CASE 26 参照

世代や年齢の違いを理由にした、差別的な言動や嫌がらせのこと。世代ごとの志向の決めつけなどもさす。

マリッジハラスメント
（マリハラ）
→CASE 37 参照

未婚者に対して、結婚しない理由を必要以上に問い詰めたり、結婚しないことを責めたりすること。

セカンドハラスメント
（セカハラ）
→CASE 49,50,51 参照

ハラスメントを受けた人が、その被害について相談した相手から責められたり、嫌がらせを受けたりすること。

リモートハラスメント
（リモハラ）
→CASE 54〜60 参照

在宅勤務によってオンライン会議、メールなどでの連絡が増えることで起きる、パワハラやセクハラをさす。

ソーシャルメディア・ ハラスメント（ソーハラ）
→CASE 61,62 参照

SNSを使った嫌がらせ。職場での優位性を利用して、友人登録などを強要することをさす。

ハラスメント・ ハラスメント（ハラハラ）
→CASE 66,67,68 参照

自分が不快に感じる言動を、何でもハラスメントと決めつけて過剰に騒ぎ立てること。逆ハラスメントのひとつ。

パーソナルハラスメント
（パーハラ）
→CASE 70 参照

容姿や身体的特徴、しぐさ、性格や属性など、個人的な特徴を指摘して相手を傷つけること。立場に関係なく起きる。

寄り添い ハラスメント
→CASE 86 参照

相手のためになると思った言動が、結果的に相手を混乱させたり、傷つけたりしてしまうこと。

ラブハラスメント
（ラブハラ）
→CASE 90 参照

恋愛に関する話題を交わすなかで、相手に精神的な苦痛を与えたり、不快な思いをさせたりすること。

アカデミック ハラスメント（アカハラ）
→CASE 94,95 参照

おもに大学などの教育現場で、優位性を利用して相手の「学び、教育、研究」などを妨害する行為のこと。

ドクターハラスメント
（ドクハラ）
→CASE 98 参照

医者が優位な立場を利用して、患者に嫌がらせをすること。病状の不安をあおるような発言もある。

〈今日からできる対策をとる〉

行為者、被害者に ならないためのルール

　ハラスメントについて知識がない人、意識の低い人は、いつの間にか行為者（加害者）になっていることがあります。ここでは、いじめや嫌がらせと受け取られやすい言動をまとめました。「6つのしない」を意識して行動したいものです。また、被害者にならないための「3つの心がけ」も紹介しています。

行為者にならないためのルール 6

プライベートに踏み込んだ発言はしない	業務に関係のない、業務の範囲を超える発言はしない	相手の事情や状況を無視した発言はしない
業務とは無関係の個人的なこと（容姿、性格、出自、結婚など）を話題にするのは基本的に控えましょう。こちらに悪気はなくても、相手が気にしていることであれば、不快な思いをさせたり、傷つけたりしてしまいます。	相手のプライバシーの詮索、時間外の仕事の強要など、業務とは関係のない行為、業務の範囲を超えた言動はハラスメントととられかねません。一線を超えないためには「業務遂行に必要かどうか」を自問してください。	相手の事情や状況に配慮せず、自分の考えだけを基準に発言すると、ハラスメントと受け取られてしまうことがあります。思い込み、決めつけ、偏見の押しつけが、ハラスメントを誘発するのはよくあることです（P8参照）。

攻撃してくる人に対して黙って我慢しない

攻撃してくる相手に対しては、言葉を選びつつも自分の意見や主張を通し、「嫌だ」「迷惑だ」という気持ちをしっかり伝えましょう。「自分が耐えれば…」と黙って我慢していると、相手の言動がエスカレートすることがあります。

プライベートをオープンにしすぎない

職場でのコミュニケーションのため、ある程度の自己開示はいいのですが、あまりオープンにしすぎると「この人は心を許しているから何を言っても大丈夫」と勘違いされることも。程よい距離感のある関係をつくりましょう。

距離をとる

「ハラスメントされているかも？」と感じたら、その相手と心理的、身体的な距離をとります。すぐに接点を減らすことで、被害の手前で食い止められます。LINEなどで責めてくる相手には、返信に値しない内容はスルーしましょう。

緊急性のない休日の連絡や執拗な誘いをしない

たとえ携帯電話番号やメールアドレスを交換していても、業務時間外や休暇中に緊急性のない連絡をたびたびすれば、ハラスメントと受け取られることがあります。また、個人的な誘いでしつこく連絡することも同様です。

SNSやメールを使った嫌がらせをしない

SNS(LINEなど)を使って上司から部下へ、業務とは関係のない個人的な話を振ったり、メールで同僚の悪口や噂話をしたりすることは控えましょう。軽い気持ちや冗談のつもりでも、相手に不快感や苦痛を与える場合があります。

ハラスメントが起こったら放置しない

職場でのハラスメントに気づいたら、早急かつ慎重に対処しましょう（P235も参照）。「私は関係ない」と第三者の姿勢をとることや、見て見ぬふりで放置することは、その行為自体がハラスメントとされ、行為者になることもあります。

233

ハラスメントが起きない
職場にする6つのルール

　ハラスメントが起きにくい職場をつくるために、管理職やリーダーが心がけるべきこと、とるべき具体的な行動をまとめてみました。ポイントとなるのは部下への目くばりによる状況の把握、いじめや嫌がらせを許さない意識の共有、立場を超えたフランクな人間関係の構築です。

ハラスメントが起きない職場にするルール **6**

部下の言動に 目を配る	部下の表情や 態度に注意を はらう	話しやすい 雰囲気をつくり、 職場の風通しを よくする

管理職やリーダーとして、ハラスメントにあたるような言動をしている部下がいないか、職場内に目をくばりましょう。少しでも「危険だな」と感じたときは、毅然とした態度で注意すること。これが「いじめ、嫌がらせを絶対許さない」という強いメッセージを行為者にも、周囲にも示すことになります。

管理職やリーダーは、つねに部下の表情や態度に気をくばりたいもの。表情のさえない人、不安そうにしている部下がいたときは、問い詰めるのではなく、さりげなく声をかけて原因を確認しましょう。こうした日頃の言葉がけが部下の安心にもつながり、上司との信頼関係の土台になります。

誰もが話しやすい雰囲気の職場なら、立場に関係なく、お互いに気になることを遠慮なく話し合うことができ、ハラスメントの原因となる勘違いや誤解が生じにくくなります。そのためには日頃から管理職やリーダーが率先して部下に声をかけ、風通しの良い人間関係をつくることが重要です。

ハラスメントの相談を
受けたときの対応

ハラスメントの相談に来る人は、すがるような思いで来ています。こちらもそれに応えるべく、真剣に向き合いましょう。その際「思い過ごしでは？」とか「あなたも悪い」といった、相談者に否定的な発言はNG。セカンドハラスメント（P231参照）になる可能性もあるので注意しましょう。

> ### 啓発活動で
> ### ハラスメントに
> ### 対する知識を深め
> ### 意識を高める

管理職やリーダーは、職場でのいじめや嫌がらせについて考える機会を設けることも務めのひとつです。朝礼でハラスメントについて話をする、関連のポスターを掲示する、会社に相談窓口があることを周知するなど、地道な啓発活動が職場全員の知識や意識を高めることにつながります。

> ### ハラスメントに
> ### 気づいたら、
> ### 放置せず、
> ### その場で声を
> ### かける

ハラスメントらしき言動を目にしたときは、できるだけその場で行為者を注意し、被害者から話を聞きましょう。放置したり、無視したりすると、行為が一層エスカレートすることも。悪い芽は早く摘むことが大切です。自分では対処できない問題と感じたときは、上司や相談窓口に報告してください。

> ### ハラスメントの
> ### 相談を受けたら、
> ### 真摯に話を聞いて
> ### 対応する

ハラスメント被害の相談を受けたときは、まず相手の話を先入観なく、真摯に聞くことです。逃げ腰な態度をとったり、放置したりすると、大きな問題を招くおそれがあります。その後は相談者の同意を得たうえで、信頼できる上司や職場の相談窓口に伝え、問題の解決をはかりましょう。

〈いざ！というときに対処する〉

ハラスメント
SOS

　もしも、あなたがハラスメントの行為者や被害者になってしまったら!? あわてて対応を間違えれば、問題をこじらせることもあります。ここでは「もしものときにあわてず対処する」ための、とるべき行動とその手順をチェック。いざ、というとき助けになる公的機関の相談窓口も紹介します。

SOS 1

部下から「それ、パワハラです！」と言われたら

➡「パワハラだ」と感じた理由を聞いてみる

「何言ってるんだ、こんなことパワハラじゃない！」と頭ごなしに言えば、余計に問題がこじれることもあります。どうして「パワハラだ」と感じたのか、その理由を聞いてみましょう。そのうえで、業務上の必要性がある指示命令、相手に問題行動があった場合の指導叱責は、パワハラに該当しないことを冷静に説明します。それでも相手が納得しない場合は、信頼できる上司や先輩など第三者を入れて話し合うか、ハラスメントの相談窓口へ話を持ち込みましょう。

SOS 2

ハラスメントをした、と思ったら

➡ 素直に自身の非を認め、すぐに相手へ謝ることが基本

もし、自身が「ハラスメントをしてしまった！」と感じたときは、できるだけ早く相手に謝ることです。職場でも友人や家族でも、人との関係がこじれる発端は「相手が悪いのに、謝ってくれなかった」という理由が目立ちます。年齢や立場に関係なく、素直に非を認める姿勢を持ちたいものです。部下や後輩であれば「今の言い方は間違いです。傷つけてしまったかもしれない。申し訳ない」。同僚なら「さっきは、ごめんなさい」と丁寧に謝りましょう。

ハラスメントを受けている、と感じたら？

➡ 一人で悩まず、信頼できる同僚や上司に相談する

相手の言動がハラスメントなのか、自分だけで判断するのは難しいものです。単なる勘違いや誤解かもしれません。そんなときは不快に感じたできごとを「事実」と「自分の感情」に分けて書き出します。言語化することで、相手の言動が「指導」なのか「ハラスメント」なのか、客観的に見やすくなります。

これってハラスメント？と感じたら

1 なぜ、そう思うのか、書き出してみる

ハラスメントでは、と感じた場面を「事実」と「自分の感情」に分けて書き出し、客観的な視点で見直す。するとハラスメントと思う原因が見えてくる。

2 一人で抱え込まず、上司や会社に相談する

信頼できる同僚や上司、会社の相談窓口などに相談する。社内の人間に相談しにくい場合は、外部の相談窓口に相談する方法もある（次のページ参照）。

3 嫌な気持ちを相手に伝える

我慢ばかりでは状況が変わらないので、不快な感情を行為者に伝えてみる。率直に気持ちを表すことで強いメッセージが発信でき、気分も少しラクになる。

ハラスメントの悩みはどこへ相談すればいい？

社内の人間に打ち明けると不利益がありそうなときや、職場にハラスメントの相談ができる労働組合や相談窓口がない場合は、外部の相談窓口を利用する方法もあります。法務省や厚生労働省などがハラスメント対策を行っています。

ハラスメント関連の相談窓口

法務省 人権相談

パワハラ、セクハラをはじめ、家庭内暴力や子どものいじめなど、さまざまな人権問題に関する相談を電話やインターネット、SNS などで受け付けている。

みんなの人権110番
☎ 0570-003-110

女性の人権ホットライン
☎ 0570-070-810

子どもの人権110番
☎ 0120-007-110

総合労働相談コーナー（各都道府県労働局）

職場のトラブルに関する相談、解決のための情報提供をワンストップで行うサービス。全国の労働局・労働基準監督署に設置され、無料で相談を受け付けている。電話相談も可能。
https://www.mhlw.go.jp/general/seido/chihou/kaiketu/soudan.html

厚生労働省 まもろうよこころ

電話や LINE などの SNS で、さまざまな悩みを相談できる、公的な相談窓口や団体を紹介している。

https://www.mhlw.go.jp/mamorouyokokoro/

こころの健康相談統一ダイヤル
☎ 0570-064-556

#いのち SOS
☎ 0120-061-338

よりそいホットライン
☎ 0120-279-338

ハラスメント悩み相談室（厚生労働省委託事業）

パワハラ、セクハラのほか、妊娠・出産・育児休業、介護休業などに関するハラスメントの相談を、電話やメールにて無料で受け付けている。プライバシーが厳守され、匿名での利用も可能。

☎ 0120-714-864　https://harasu-soudan.mhlw.go.jp

法テラス（日本司法支援センター）

職場のパワハラなどの労働問題について、解決するための法制度や手続き、適切な相談窓口を無料で案内してくれる。

☎ 0570-078374　https://www.houterasu.or.jp

おわりに

「遠慮はしないが配慮はする」が
ハラスメントを生まない関係

　ここまでお読みになった方はすでにお気づきかもしれませんが、ハラスメントは勝手な思い込みや価値観の違いを認めないことから始まります。「相手の話を聞かない、相手の気持ちを打ち消す、相手を認めない」という配慮を欠いた、一方通行の言動が特殊な状況を生み出すのです。

　私は若手や部下の育成に関する研修で「遠慮はしないけれど、配慮はする」ことの大切さを伝えています。上司は部下や後輩に遠慮なくものを言う。部下や後輩も上司に遠慮ばかりしない。立場を超えて気兼ねは取り払いつつも、相手の気持ちを慮る礼節は忘れない、ということです。

　こうしてできあがった信頼関係は、強くて柔軟性があります。他人の言動に一喜一憂したり、傷ついたりすることはありません。そしてそれは、ハラスメントが生まれにくい職場へとつながっていきます。

　みなさんが他人への思いやりを心に留めて行動すれば、いじめや嫌がらせは姿を消します。その実践としてすぐに始められるのが、気くばりのある言葉づかいです。選ぶ言葉を変えて、ほんの少し言い方を工夫するだけで、相手の受け取り方が変わります。それが自分の中に定着すれば、職場や暮らしの場が、和やかで居心地のよいものになるはずです。

　本書を最後までお読みいただき、ありがとうございました。

　　　　　　　　　　　　　　　　　　　　　　　　山藤祐子

監修者 PROFILE

山藤 祐子
ざんとう ゆうこ

ハラスメント対策専門家、ハラスメント研修専門講師、キャリアコンサルタント。1968年 和歌山県和歌山市生まれ。
自身のハラスメント経験を最大限に活かした、ハラスメント専門研修講師として年間180日以上の講習を行っている。これまで研修を実施した企業や自治体は200以上にのぼり、年間5000人を超える受講者からは「行動に移しやすい」と好評を博し、クライアント企業からは高いリピート率を誇っている。テレビ、新聞等のコメンテーターとしても活躍。一女の母。『管理職・リーダーのハラスメント対策』（ハイテクノロジーコミュニケーションズ株式会社）などの著書がある。

キレイ事は語らず、理想と現実のギャップをいかに埋めていくか？をつねに考え、世の中からハラスメントをなくしていくことが使命。働きやすい環境こそが企業の収益を増大させ、ひいては日本の発展につながると信じ、日々ハラスメント対策の研修にまい進している。

協力者 PROFILE

新村 響子
にいむら きょうこ

弁護士。旬報法律事務所勤務。日本労働弁護団常任理事。東京都労働相談情報センター民間労働相談員。1980年生まれ。一橋大学法学部卒。2005年弁護士登録（東京弁護士会）。『未払い残業代請求 法律実務マニュアル』（学陽書房、共著）、『会社で起きている事の7割は法律違反』（朝日新聞出版、共著）、『ブラック企業・セクハラ・パワハラ対策』（旬報社、共著）などの著書がある。

原稿	児玉光彦　高野愛
デザイン	株式会社フルーツドロップス（西村映美）
イラスト	くにともゆかり
校正	本郷明子
編集協力	児玉編集事務所
企画・編集	朝日新聞出版　生活・文化編集部（岡本咲　白方美樹）

トラブル回避のために知っておきたい ハラスメント言いかえ事典

2021年11月30日　第1刷発行

監修者	山藤祐子
協力者	新村響子
発行者	橋田真琴
発行所	朝日新聞出版

〒104-8011　東京都中央区築地5-3-2
電話　（03）5541-8996［編集］
　　　（03）5540-7793［販売］
印刷所　大日本印刷株式会社

©2021 Asahi Shimbun Publications Inc.
Published in Japan by Asahi Shimbun Publications Inc.

ISBN 978-4-02-334051-0